虽然交易本身像是一个不断试错的实验过程，
但我们始终还是要往好的一面去靠拢。

艾略特波浪理论
混沌中不断重复的混沌

金融assassin /著

ELLIOTT WAVE
THEORY
The Repeated Chaos in Chaos

山东人民出版社

国家一级出版社 全国百佳图书出版单位

图书在版编目（CIP）数据

艾略特波浪理论：混沌中不断重复的混沌 ／ 金融
assassin著. —— 济南：山东人民出版社，2017.1
ISBN 978-7-209-10183-7

Ⅰ．①艾… Ⅱ．①金… Ⅲ．①股票市场－市场分
析Ⅳ．①F830.91

中国版本图书馆CIP数据核字(2017)第025737号

艾略特波浪理论
——混沌中不断重复的混沌
金融assassin 著

主管部门　山东出版传媒股份有限公司
出版发行　山东人民出版社
社　　址　济南市胜利大街39号
邮　　编　250001
电　　话　总编室（0531）82098914
　　　　　市场部（0531）82098027
网　　址　http://www.sd-book.com.cn
印　　装　山东新华印务有限责任公司
经　　销　新华书店

规　　格　16开（169mm×239mm）
印　　张　13.75
字　　数　170千字
版　　次　2017年1月第1版
印　　次　2017年1月第1次
印　　数　1-6000
ISBN 978-7-209-10183-7
定　　价　45.00元
　　　　　如有印装质量问题，请与出版社总编室联系调换。

前　言

爱因斯坦曾经说过，兴趣是最好的老师。兴趣激发了爱好者的好奇心与求知欲，甚至可以产生不可思议的力量，超越了物质上的局限。刚开始让我们走到一起的原因非常简单，就是一种共同的兴趣与爱好，很多朋友初识波浪理论便能与之产生共鸣，因为很容易就能感受到自然运行法则的强大魅力，这也是它有别于其他技术分析的奥妙之处，不过任何自然规律的把握与认知，人们都付出了艰辛的努力，这是一个实验与累积的过程。就像电没有人的时候它就存在，当人们认识电的存在便开始了探索与实践的旅程，直到伟大的特斯拉创造性的革新，电方才成为廉价的商品走进千家万户，而他最初的想法只是希望把爱迪生的灯泡卖得更好。特斯拉创造性的革新是对电的自然规律更深入的把握与认知，而并非改变了自然规律本身。

一、研学波浪理论的心路历程

有位朋友把他研习波浪理论的心路历程告诉了我，我觉得很好，他的心路历程也正是很多朋友的共司经历。他说刚开始是拷问，读了很多理论经典后感觉信心满满，但是杀入市场后却撞得头破血流。然后开始拷问，在否定和怀疑与肯定和猜测之间不断地徘徊。拷问自己到底行不行，也拷问波浪理论到底管不管用，最后发现自己还是原来的自己，理论也还是原来的理论。有一次我无意中看到关于航空母舰舰载飞行的相关介绍，颇有感触。有些看似平淡、简单、潇洒的事情，事实上充满着艰险。舰载飞行的起降在电视上或视频里看着让人赏心悦目，心潮澎湃。但是对于舰载飞行员而言，即便是精通飞行的"老司机"同样是艰辛异常。坐过飞机的人都能感受到，在空中看航母就像一枚小小的邮票，而这枚"邮票"不是贴在地上不动的，它是在海上航行的。海上风大浪急，而且说变就变，飞机的起落最怕侧风，甲板的长度也是有限的，上面不能有任何的异物，即便是一颗螺丝钉、一颗小石子都可能带来风险。在战争时期这样的运转难度可能就更大了，尤其是夜晚，视线差不说，航母为了不吸引敌人注意甚至会关灯航行，一片漆黑，塔台也有可能受到电子战的干扰而无法顺畅的导引。飞行员在外执行任务，经过了几个小时的殊死搏斗，安全返航还不能懈怠，实验般的用飞机的捕捉钩去挂母舰上的拦截索。不仅要踩足刹车，而且还不能放开油门，因为如果没挂上，瞬间毫不犹豫的推进飞机再次起飞，然后再次降落。据有飞舰载机经历的飞行员描述，飞机在航母上降落，不像民航机那样平滑的降落而更像是将飞机砸向目标航母一样，任何环节的细微状况都可能酿成悲剧，在非战时期，据报道美军有上千人次在航母上失败的起落，有部分造成了机毁人亡。我想这就是类似于拷问的阶段，即拷问了"实验者"，也拷问了"航空母舰"，但是这个系统还是被更广泛的认可与接受，任何自然规律的认知和把握始终都需要付出时间和汗水来进行实验性的累积，不论你是否经历过，这都是一个实验和试错的过程，累积后才能等待某一刻的顿悟与突破。

经过了一个阶段反复折腾后，这位朋友最终还是把波浪理论视为公理和自然法则，开始重视波浪理论的基础原理，明白市场是由人组成，市场参与者的成交意愿是左右市场价格的关键因素，虽然价值永远是各自表述，但价格是市场最终的妥协。不论是基本面的研究还是技术面的分析，本质上也同样是在对市场的交易情绪和成交意愿在做出分析或研判。保持思维的开放性，克服机械性的套用波浪系统的图形或规则。有一次我在给学生讲课的时候心血来潮，即兴发挥就把波浪理论比作是金庸武侠小说里的华山派，可能不是很恰当，不过那次我说，艾略特就是门派的创始人，他首先发现了这个规律，发布了他的论文。后来华山派分裂了，出了"剑宗"和"气宗"两派，两派有时还要抢正统。这是视角和侧重点的不同，但最终还是殊途同归的。"剑宗"他看重的是"剑招"，招式鲜明，工具性很强，剑法也是精妙绝伦，但易学却难通，好使管用却根基不深。普林切特（Robert. Prechter）就像是"剑宗"的"风清扬"，那本《艾略特波浪规则》（*Elliott Wave Principle*）好比是波浪理论界的"独孤九剑"，名声很大，所以提起"华山派"就想起了"风清扬"那样，一提到艾略特波浪理论首先想到的就是普林切特，让人印象深刻。而"气宗"重视内功修为，看重的是自然法则，学术根基深，理论体系也非常完备，易通但难学，尼利（Glenn. Neely）就是这一派的杰出代表，他的《精通艾略特波浪》（*Mastering Elliott Wave*）有点像是"气宗"的"紫霞神功"，让人感受到艾略特波浪理论的博大精深。

　　就像刚才的戏说，波浪理论确实在不同使用者和爱好者之间出现了不同的侧重点。有的同学喜欢它的"自然属性，内在本质""剑道在剑外"；有的同学看重它的工具属性，"招式犀利""淬炼他的可视化程度"，这样的情况是由来已久，但是不论是偏向于战略准备还是战术考量，他都具有极高的价值。甚至有时候还看到了一些"民间打法"，比如不论是3波段还是5波段，一律只当3波段处理，或只做第3波段，有点像是"田伯光"的快刀，快意恩仇很是"潇洒"，这可能是为了图省事吧。当然，做会的不做不会的，确实能避开一些麻烦，是这样的道理。值得肯定的是"民间的"往往是有效率的，也是实践的结果。不过站在研究学问的角度看就有一点点断章取义的味道，如果不愿意再深究其背后的原因，可能就会止步于此吧。理论上的解释是，3浪的A－B－C和5浪的1－2－3，尤其当3浪是折线型单边修正（Zigzag）时，计数存在交替和互换的可能性，有时候不容易界定。而且即便是5浪，特别是当第3浪发生扩展时，第5浪的操作性会被降低，因为它可能会被"隐藏"，也可能会被截断，即使新高幅度也往往受限，因此就不难理解这类做法了。

　　一旦用好了波浪理论，我们会发现初识阶段的困顿和茫然顿时消失，做交易也从容淡定，研究波浪理论及周期律能有助于人们更好地理解那些自然存在的图表异动和真实的金融世界的运作，再纷繁芜杂的金融逻辑，再瞬息万变的大众心理折射到图表上都逃脱不了自然法则的约束及造化的使然。最终波浪理论会像一位挚友一样，融入我们的交易和生活之中。他是提倡遵循这些规律，而这些规律有相当一部分是可以被认知、侦测和把握的。顺应规律客观的处理问题，凡事不强求，混沌不恐慌，让事件自己来决定它们的发展，我们要做的只是顺其自然而已。我讲一个很具体的例子，有一次晚饭后我看到孩子一个人闷闷不乐的坐在沙发上，看着像是有什么心事似的。当时快临近期中考试，我想一个小学生会有怎样的心事，多半是期中考试的问题，但是当然具体我不能确定。于是我就问："你怎么了，有什么问题吗？"他答道："我心里好像有点什么，但又说不清楚是什么。"我想肯定是了，便装着好奇地问："那是因为什么？"他看了看我，没有回答。我追问道："是不是因为期中考试？"他回答说："是，也不是。"我继续追问说："你上个学期不是考过期中考试的吗？""嗯，是的，但是这次不一样"，他说。"有什么不一样"，我问。他回答道："反正就是不一样。"我马上就反应过来了，他是陷入了明天考试不确定性的混沌当中了，也就是所谓的考前综合征。所以我便开始开导他，让他明白到底发生了什么。

我跟孩子聊了起来，首先给他解释了这是怎么回事，每次新的考试相当于一个新信息的产生，而且即将要加入他的个人系统。因为新信息的不确定，可能会影响到他，所以会有情绪上的反应。如果没考好，可能会担心我的责怪，害怕老师的批评，顾忌影响到班级和周遭"情境"的改变，比如同学们有了新的看法怎么办、日常自己有情绪怎么办、原来的"姿态"应该不应该调整，怎么办……想到一骨碌来了这么多的"怎么办"，也真是够让一个小朋友闷闷不乐一阵子的了。我想我已经有必要跟他稍微解释一下什么是混沌了，当每个人遇到第一次未经历的事情时，特别是还可能产生进一步的影响时，很容易出现混沌的现象，人也容易出现情绪上的反应，譬如新信息在之前旧有系统中没有任何经验或参考比对，我们会非常担心系统不接受怎么办，或者接受后出现过于激烈的震动怎么办。其实这样的顾虑是多余的，因为信息在系统中早已存在，只是我们的认识需要一个过程。最后我们得出了结论，让考试自己来决定吧，我们能做的只是平时的努力和准备，考试会安排好你的成绩。如果没考好，针对特别的结果我们再做特殊的努力；如果考好了，那么就是平时努力的回报。孩子听完我的话后安心地去睡了。最后他考得很好，回来后他非常高兴地告诉我："爸爸，新信息已经加入，我的系统很接受……"实际上，每个人都是一个独立的系统，由人共同组成的市场也是一个独立的系统，每天都有新信息加入到这个系统中来，市场在接受这些新信息，譬如基本面信息、消息面信息、数据面信息，之后产生了扰动，不断地推动着价格的变化，用混沌的形式释放出来，再在提供配置架构的作用下产生了分形传导（Fractal），形成了我们所看到的市场。

这个事情其实并不复杂，在我看来一个事情如果做成功了就是 5 浪推动，涨成功是 5 浪上升、跌成功了是 5 浪下跌，成功较之于推动，好比失败之于修正。如果一个事情没有办成就是 3 浪修正，看似是进退两难、纷繁芜杂却只有原地踏步。也因如此，成功的事情往往令人瞩目，看上去也都比较接近，而不成功却是千奇百怪，最终不了了之。不论推动还是修正本质上没有好坏之分，都是事物发展的重要组成部分。注意到成功的内部一定含有局部的修正，不过整体是继续向前的，失败的内部也肯定有局部的推动，但最终走不远。因此我们并不需要太介意有修正的信息加入到我们的系统中，因为那是必要的组成。只是我们应该明确目标和方向，牢记推动的重要性，重视事物发展的趋势性，在方向和时间上付出努力，依靠点滴的积累，一时的不凑巧或失误完全阻碍不了这样的发展。

二、与众不同之处

本书最大的不同在于书中充满了数学语言和图表描述，因为这样的表达更加直白，没有过多能被曲解的空间，便于读者技术性的理解和掌握。此书定位于入门级的基础实用读本，几乎包括了艾略特波浪理论基础部分的全部内容，为了实用性考量，尽量使得语言简练、条理清晰、描述通俗、逻辑连贯、前易后难，贴近循序渐进的认知顺序。值得一提的是，我认为越是简单的越真实，越是基础的反而越重要，没有花哨的套路，没有所谓故事可讲，因为只有简单、真实才是真正能被牢记和掌握的，就像数字和逻辑推理那样，靠谱才值得被依赖，我们需要的正是如此。其次本书采用的是国际通用标准（Basic Standard）。不论是波浪体系的论述，内部结构的描述，还是名词的命名、规则和方法的归纳与总结等，均按照通行标准。我们也注意到目前国内的关于艾略特波浪理论的相关著作存在的一些缺陷，比如，年代过于久远、案例陈旧、体系不够完整、论述不够连贯、文字相对晦涩。有些经典著作是基于直译的缘故可能没有把原理讲透而流于表面，如果这样子，容易导致缺乏理论根基而过于强调了一些特定的图形，可能会误导读者机械性的套用波浪理论，缺乏生命力。或是在爱好者之间转述"拷贝"走样，使该理论沦为二流打法，我们不希望这样。

三、写作过程中的三点感受

这本书的写作中翻译、比对、汇总了大量的英文著作，也结合了我8年实践过程中的一些真实的经历和心得体会，整理汇编而成。写这本书的过程并非一帆风顺，这让我煎熬了许久，有些熟悉的朋友期盼了很久。我一门心思不愿辜负他们长期以来的支持与信任，所以，当然至少尽可能的，一定会要把"可以得到的""可以用的"东西讲到位。于我而言，更多是一种心愿，希望留下些什么。在写作和编译这本书的过程中，我有三点感受，希望与大家分享。

第一点感受：老外（美国人）的思维模式相对"偏左"（这里的"偏左"和"偏右"是指类似于"偏向于左侧"交易还是"偏向于右侧"交易），我们（国人）的思维模式相对保守，相对"偏右"，可能会更看重或依赖一些传统的旧有的东西。这是我在研读和编译大量英文著作时的一个真实感受，导致这样的原因可能是英语语言本身的问题，也可能是文化的问题。但是，总能让我体会到他们偏于演绎和推导的思维方式，相对而言，我们可能更善于归纳和总结。他们的这种教学更多是拆东西，抓住若干规律点或类型面，把复杂的拆分、片段化，而我们就容易越学越难，难怪学生时代，我们的孩子都非常优秀，但毕业之后、研究生阶段或工程师的培养就很难，这也许是由于简单的事物容易再重组，始终不断创新，而复杂的却存在僵固性。

有一次在讲课的时候，有位很认真的同学跳出来就问我："老师，你认为交易是'左侧'好还是'右侧'好？"当时我在赶时间，还有不少班上同学都在，我就不假思索地回答道："左侧好。"这位同学马上列举了很多"左侧交易"的缺点，"早于行情启动做出反应是非常危险的""开仓成功率很低""类似先生说的'交易自我'""看得太远毫无意义"等等。于是我就回答："右侧好。"这像是"捅了马蜂窝"，大家更是不依不饶，列举了很多"右侧交易"的缺点，"跟风容易被割韭菜""右侧交易哪有程序化好""交易员的差异怎么体现""右侧损位拉得太深"。这时候有些同学就开始在下面窃窃私语，有的说"中间最好"，有的说"都不好，没有好的，只有对的"。然后大家就开始争论，我想我是遇到了一个没有标准答案的问题。我思考了一下，我对着这位提问的同学说："我也想问你一个问题，只要你回答了我的问题，你便会找到你的问题的答案。"于是，我便提问道："对你而言，昨天、今天、明天，哪一天最重要？"他思考一会回答我说："老师，我认为明天会更好。"我跟他说："行了，你已经有答案了。"然后我对着其他同学说道："这是一个交易哲学的问题，不同的人会有不同的答案，同一个人在不同时间阶段也可能有不同的选择。"这时另一位同学也站了起来，说："老师，我选择今天最重要，因为今天有钱，我今天就高兴。""很好，那你就选择了中间"，我说。

艾略特波浪理论在设计问题，绘制图表的时候容易"偏左"，但这并不代表我们的行动始终要往左偏离，过于的"偏左"和"偏右"像是天马行空的幻想和尘封老旧的历史一样，准备上可能可以适当"偏左"，行动上又需要再次拉回，我想在第七章"艾略特波浪的交易守则"很好的解决了这个问题。

第二点感受：知识与耐心是超越自我击败强大对手的唯一方法。市场上充斥着纷繁芜杂的各种信息、各类经验主义和方法论，人们认识它们的途径无非是通过归纳和演绎这两种方式，采取应对的行动无非是体感反应与理性判断这两种方式。不过，可以说有些规律是可以被侦测和把握的。知识就是对过往规律在方向判断上的储备，而耐心则是在时间上的等待，以便能在恰当的时机，用上这些知识，把握正确的方向。我们从过去的历史中寻找、发现、理解并试图下次把握这样的机会，这样的过程本身就是实验与试错的过程。有时候我们说"做对看部位"，"部位"下得好，判断正确才有意义；"做错看运气"，如果做错相当于实验失败，虽然可能还没弄明白是怎么回事，但是运气实在太差了，需要及时终止，正如索罗斯说得那样，投资不是赌博，但是我们只能从错误中得到学习。

第三点感受：尊重自然规律，顺应自然。做市场或自然规律希望我们做的，而不是我们希望市场或规律为我们达成什么样的目标。放下自己，顺其自然，学会留点遗憾并非坏事，交易如此，写作与阅读也是如此，没有十全十美的。当然，在阅读过程中更多的是希望体会与理解，也希望引导开放式的思维，吸收书中介绍的金融研究与艾略特波浪的分析方法。

四、本书八个章节主要内容提要

第一章是波浪理论的概述，从整体上介绍波浪理论和基本运作原理。先是回顾了理论发展的历史，逐渐阐明其基础原理和运作过程，列举了该领域出现过的先驱及他们的代表作；介绍了波浪的运作与模式的形成，阐述了"分形"与"混沌"在其中扮演的关键性角色，列举了自然存在的实例，引出了基本波浪的模式——推动模式和修正模式，并根据运作原理阐述了8个基本波浪的市场特征。本章还对波浪数学应用的原理加以介绍，从原理上阐述了斐波那契数列与波浪理论之间的关联，这也为后面章节的数学应用打下理论基础。本章进一步介绍了黄金分割的重要意义，他是自然力量选择的结果，列举了自然存在的实例，从黄金分割比值进一步引导出一系列斐波那契正、逆比值关系，而这样的比值关联关系在波浪理论上应用得十分广泛。最后，本章还介绍了"三个基本规则""波浪的标记""完整的市场周期"，最后通过实际案例加强对原理的说明。

第二章、第三章和第四章都在讲推动浪模式，第二章侧重于推动浪的介绍、描述、分类、图形总结与特征归纳，最后归纳了推动浪模式下的形态规则与指导原则，并提供相应的解决指导方针。同样对应的案例可能有助于加强记忆。第三章侧重于通过数学的应用分析推动浪，如果第二章是定性那么第三章更多是定量。通过数学应用判定波浪的形态，分析波段比值的关系，进一步理解与应用斐波那契比值关联"凸显"预期目标值，最后列举了推动浪各波段之间相互常见的回撤与扩展比值关系。第四章也在谈"推动浪模式"，是关于推动浪的结束。此章是承上启下的关键章节，涉及的内容较广，但皆在解决判断推动浪浪势的结束的问题，此章（被交易章节引用）又称为"寻找 Point 0"，是交易章节之前的内容也是基础部分之后的内容。寻找与判定 Point 0 至关重要，它影响到开仓的机会，是进入交易的前提条件之一（判断浪势的结束或翻转意味着新趋势的开始与建立，寻找 Point 0 是建立起始交易或交易入场的前提之一，这部分内容的延伸在第七章交易章节再次被引用）。第四章详细讲解了通过艾略特通道技术、通过预期目标值凸显、通过动量背离和发展方向等 6 种不同的实用技巧来判断推动浪浪势的结束。

第五章和第六章都在讲修正浪模式，第五章侧重于修正浪的介绍、描述、分类、图形总结与特征归纳，最后总结了修正浪结构的特征与指导原则，并列举介绍了修正浪的复杂性与交替性。第六章侧重于修正浪的数学应用，注意数学应用在波浪理论的形成原理及重要比值参数的由来。从数学应用的角度介绍了修正浪回撤与预期目标分析，讲解了基本修正浪型内部结构的比例关系。最后结合案例讲解了经典技术形态与修正浪型之间的链接，修正浪的部分因其复杂性、多样性和可替换性，一直是需要耐心研读与反复推敲的部位。

第七章和第八章主要是艾略特波浪涉及交易部分的内容，第七章主要内容是艾略特波浪的"三张面孔"、交易前的准备和艾略特波浪的交易守则。艾略特波浪的交易守则是全书的一个重点，它是建立在艾略特波浪理论体系基础上的系统化交易。应用守则的资金管理和进出规则对交易进行加仓、减仓、杠杆、对冲等操作，并对多批次交易加以管理。我们详细讲解了它建立的程序和建立的基础，介绍了它的作用和加载的时间框架的选取与设定，最后讲解了艾略特波浪的交易守则的具体内容。第八章主要内容是艾略特波浪交易日志及其制订过程，包括日常自查表单与交易计划表单的5张图表及制作日志过程保存或打印的其他价格描述图表。它是将第七章的交易守则结合进实际的交易之中，制订出交易计划并付诸实施，这也有助于读者通过学习和实践按图索骥制订个人的交易日志和交易计划。通篇来看，前面六章主要介绍艾略特波浪的原理性和工具性，强调了数学应用和基础准备；后面两章主要介绍艾略特波浪的交易属性，将工具性和基础准备融入进交易中归纳总结了交易守则，最终根据个人情况和实际交易物制订交易计划，并尝试执行。

致谢： 仅以此书献给河南许昌的德众兄（李涛）。

编写这本书一点都不轻松，于我而言也是一次修行。在这个过程中要感谢的人很多，感谢我们"贵丰金融群"可爱的群友们五年多来的陪伴与支持，感谢 KTH 瑞典皇家理工大学的夏维同学做了大量的翻译和整理工作，感谢昆士兰的陈威先生（David）提供了部分的案例，感谢苏大商学院研究生王登科先生制作了精美的插图集，感谢上海赢湃基金经理王者星先生，感谢广东外语外贸大学李淑芳老师，感谢青岛万成建筑器材有限公司李海伦先生，感谢我的家人在我写作过程与我一同的付出。感谢山东人民出版社的周云龙先生，工具书的编辑从来不是一件容易的事情。

金融assassin

2016 年 12 月于苏州

| 目　录 |

第一章　波浪理论的概述

1.1　基础原理

在 20 世纪 30 年代，拉尔夫·尼尔森·艾略特，一位杰出的图表分析师、会计师，在他工作的时候，采集了 75 年跨度的多个市场指标和财务数据，他惊讶地发现他所整理的数据和股票价格，乍一看好像表现得很混乱而且毫无头绪，但是再深入观察却又感觉到有某种规律在运作似的。

一些股票的价格好像在不断地循环，不断地重复循环，艾略特查阅了不同阶段走势的消息面和基本面，他发现价格的波动与交易者的交易情绪的波动相互影响着，最后他归纳认为，大众交易心理的合力决定了价格下一步的走势。

拉尔夫·尼尔森·艾略特
（1871 ~ 1948）

艾略特指出大众交易心理的"上""下"摇摆总是以相同的、重复的模式出现。他进一步把这样的模式分离成人们容易理解的片段，他把一段一段的独立的片段定义为波浪。

随后，很多艾略特波浪的理论家和研习者将他的理论应用到了股市之外的市场，比如外汇市场和商品市场，而且都取得了巨大的成功。这就是说，波浪理论是可以移转的，而且适用于几乎所有的交易市场。

1.1.1　历史简介

1938 年，艾略特发表了《波浪理论》（*The Wave Principle*）。该论文把收集来的人们的行为模式与斐波那契数列及"黄金分割"联系在一起。

1953 年，A. Hamilton Bolton 发表了《艾略特波浪补充》(*Elliott Wave Supplement*) 进一步完善了波浪理论的体系。

1978 年，A. J. Frost 和 Robert Prechter 沿袭了 Bolton 的《艾略特波浪补充》，共同编写了著名的《艾略特波浪规则》，这时候波浪理论才正式形成。当然，一直到今天波浪理论在不断地深入研究和发展。不过整体的框架协议，在《艾略特波浪规则》就基本确定了。

Robert Prechter　　　　　　　　　A. J. Frost

《艾略特波浪规则》，这本书标志着艾略特波浪理论，第一次具备了完整的理论体系，奠定了基础的框架。由此艾略特波浪理论成为一门独立的证券分析学科。

同时期的 Benoit B. Mandelbrot 在 1975 年首次提出了分形的概念，创立了《自然分形几何学》(*The Fractal Geometry of Nature*) 为波浪理论奠定了数学的根基。20 世纪 80 年代后，艾略特的波浪理论迎来了黄金发展期，在这个领域涌现了一大批殿堂级的人物。波浪理论得到了进一步的发展和完善。著名的有 Robert. Balan，代表作《艾略特波浪理论在外汇交易市场的应用》(*Elliott Wave Principle Applied To The Foreign Exchange Market*)；Glenn. Neely，代表作《精通艾略特波浪》；Bill. Williams，代表作《混沌交易》(*Trading CHAOS*)，值得一提的是 Bill. Williams关于市场对新信息的处理——"混沌原理"(Chaos) 为波浪理论构建完善了分形原理的另一面补充。还有 Steven W. Poser，代表作《应用艾略特波浪理论获利》（*Applying Elliott Wave Theory Profitably*）等等，随着时代的进步，理论的完善，近年来国内也涌现了波浪理论热。

1.1.2　波浪的运作

图1-1为一个建立在波浪理论基础上的完整的市场周期模型，在任何一个完整的市场周期内，都可以分离成一些不同的"模式"，而这些不同的"模式"取决于人、社会和自然界提供的价值的变化，所谓波浪其实指的就是这些不同的"模式"在趋势上的运动。

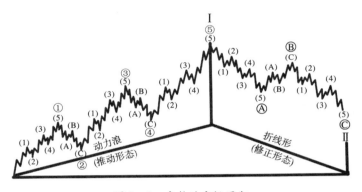

图1-1　完整的市场周期

"模式"是自然存在的，我们学习这些"模式"，是为了能更深入地去理解那些导致市场运作背后的、真正的根本原因。

一个完整的周期包含了8个"模式"，从起点开始，从他的主方向上展开一系列的5个浪，标记为"1""2""3""4""5"（图1-2）。

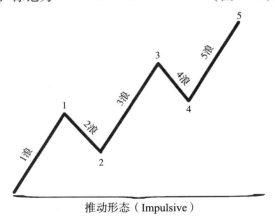

推动形态（Impulsive）

图1-2　5子浪的推动浪形态

这个 5 个浪通常称为推动浪，或者简称为"5 浪"。

5 浪的"模式"之后紧跟着的通常是 3 个浪（图 1－3），称为修正浪或者简称为"3 浪"。

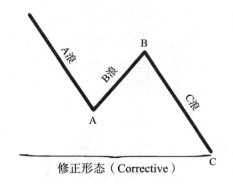

图 1－3　3 子浪的修正浪形态

如图 1－4 所示，在推动浪我们标记为"1""2""3""4""5"，而在修正浪，我们标记为"A""B""C"。

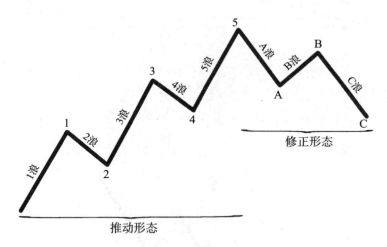

图 1－4　5 浪的推动与 3 浪的修正组成一个基础周期

我们说这里的"A""B""C"序列的模块修正了"1""2""3""4""5"序列模块的推动。或者说"1""2""3""4""5"的推动完成后需要"A""B""C"序列的修正。

可以说在任何时候，市场的价格在主方向上由 5 浪组成的大幅改变之后紧跟着的是3浪的反向抵抗来对它进行修正。不论主方向是上涨还是下跌，这种类型的修正运动是必要的。

1.1.3　分形的概念

分形的概念：自相似的图像由与其本体相似的较小的拷贝组合而成，组成一个较大的图形，而且这样的组合不断循环往复。

分形的概念常常与递归操作相互关联，而且通常不限次地重复该过程。大家可能还没有"秒懂"分形的概念，那让我们用自然界的分形例子来加深理解分形的概念。

如图1－5，这是一棵自然界的树。树是物体的概念，你也可以理解成为一个关于树的事件，事件就是时间的概念了。

图1－5　交易树的概念

图1－6　交易树与分支的概念

如果我们把这树的一段分枝或枝干弯折下来，会发现什么？

我们会发现树的任何一段分枝都与整棵树是相似的（图1－6）。如果我们把这段分枝再继续折断成一个更小的枝干。那么同样会发现小枝干与刚才的分枝也是相似的，以此类推循环往复。

这就是分形的概念，如果把这棵树想象成是我们的交易，那么树与枝干的生长并不是一天长成的，他是经历了怎样的一个漫长过程，那么这是不是跟我们交易图表的概念是一样的呢。

在自然界，分形是无处不在的，在人们的日常生活中也随处可见分形的概念。比如太阳系的星系系统与化学元素的质子中子系统。让我们再举几个自然界存在的分形：花菜；西兰花；罗马花椰菜；蕨类植物。（图1－7至图1－10）

　　1. 花菜属于分形结构：

图1－7　花菜——自然界的分形1

　　2. 西兰花属于分形结构：

图1－8　西兰花——自然界的分形2

　　3. 罗马花椰菜属于分形结构：

图1－9　罗马花椰菜——自然界的分形3

4. 蕨类植物（叶片）属于分形结构：

图 1 – 10 蕨类植物叶片的分形——自然界的分形4

从以上这些例子我们了解了自然界的分形法则，即存在自相似的图像由与其本体相似的较小的拷贝（分形）组合而成，并组成一个较大的图形，而且这样的组合是可以不断地循环往复的。

1.1.4 混沌的概念

混沌是指在确定性的系统下因为某些敏感因素而表现出不可预测性、类似随机性的运行，又称浑沌。在图形表现上，通常指的是复杂的形态，他们在不同程度和规格上有些接近，但是又各不相同。这样的概念在自然界也随处可见。让我们举几个自然界存在的混沌的例子：海岸（形状）；云朵（图形）；叶子的纹理（线段）。（图 1 – 11 至图 1 – 13）

1. 海岸的形态（立体）属于混沌的概念：

图 1 – 11 海岸的形态——自然界的混沌1

7

2. 云朵的图形属于混沌的概念：

图 1 – 12　云朵的图形——自然界的混沌 2

3. 叶子的纹理（线段）属于混沌的概念：

图 1 – 13　叶子的纹理——自然界的混沌 3

由此可见，混沌产生的结果使得他们在不同程度和规格上有些接近，但是又各不相同。分形与混沌的区别：分形主要是指一个几何结构在进行收缩或放大时候与自身相似；而混沌刚好相反，主要指大小类似的尺寸各不相同，但是他们有些细节或局部是接近的。在理解了分形和混沌的概念后，就能借助这两个概念，进一步理解波浪理论及今后遇到的 K 线的形态。

如果说市场价格的运行反映了大众心理或大众的交易意愿，最终交易执行的合力决定了价格的运动。那么由这些"模式"组合成的价格运动实际上已经在预测市场的走势了。当价格的运作行为在不同的解析度或在一定缩放比例的尺寸走势相似的时候，我们称之为分形。当价格的运行行为在相同部位有相似之处，但是细节各不相同时，我们称之为混沌。

艾略特波浪是具有混沌边界无限重复的嵌入式的分形波浪。就像图 1 – 14

所示的例子一样，看下面的 K 线图形，我们只从截图看并不能看出他到底是小时线、日线、周线还是月线。

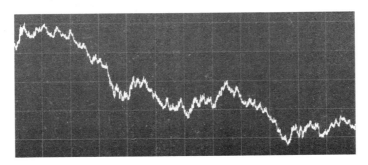

图 1－14　任意一段 K 线的截图

图 1－14 的图形可以是 15 分钟 K 线，可以是 1 小时 K 线，也可以是日线或者月线，事实上这是一段周 K 线。K 线的分形性质意味着 K 线图形在不同的时间框架下不断地重复自己，但是细节上面不同的结构与不同的阶段具有混沌的属性。任何程度、任何序列的波浪都由低一级别的波浪组合而成。就像我们刚才举例说明的自然界的分形一样，一个大级别的分形可以由很多小级别的"自我"组合而成。K 线也是同样的道理。

图 1－15 是一个完整的 8 个子浪的波浪图形：

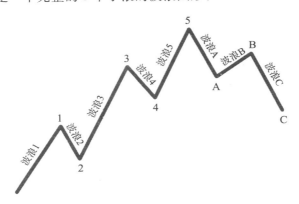

图 1－15　完整的 8 浪模型

他由 5 浪推动（波浪 1、波浪 2、波浪 3、波浪 4、波浪 5）以及 3 浪修正（波浪 A、波浪 B、波浪 C）组成。根据之前描述的分形原则，他可以由比他低一级别的自我分形组合而成（如图 1－16A）。

图 1－16A　根据分形原则，由低一级别的自我分形组合而成

那么我们可以看到原来的"波浪 1"与"波浪 2"与自身整体是低了一级的分形，而整体（虚线部分）与原来的 8 个浪的图形保持一致。让我们对细节结构进行标注（如图 1－16B）。

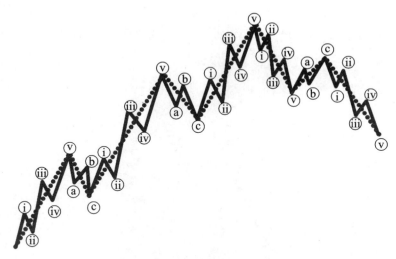

图 1－16B　对低了一级的分形细节进行标注

这样我们就不难发现，原来的 5 浪＋3 浪的形态，由低一级的分形组合而成，而这一级的细节标注后成了 21 浪＋13 浪。值得注意的是 3，5，8，13，21，…是斐波那契数列。

1.2 基本波浪的模式

1.2.1 推动浪的模式

一个基础的 5 浪模式，当在一个上升趋势的市场或者一个上涨趋势的 5 浪结构中，它由 3 个向上运动的波浪和紧跟着上升运动浪的 2 个向下运动的波浪组合而成。我们称这样的波浪组合叫推动浪或者简称 5 浪。

（3 个向上的趋势运动）向上的运动浪（图 1 – 17）一旦结束，马上紧跟着的是向下的运动作为它们的衔接或中继（图 1 – 18）。

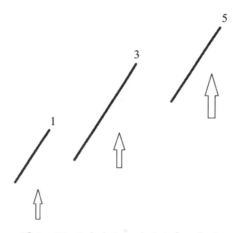

图 1 – 17　3 个向上运动的波浪示意图

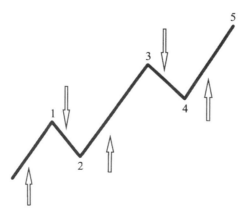

图 1 – 18　3 个向上的运动浪紧跟 2 个向下的运动浪衔接

11

这种模式的 5 浪，我们称之为推动模式，而其中的 1、3、5 浪我们称之为推动浪，很显然其中的 1、3、5 浪是非常直接的趋势方向上的运动。上图例子很显然是上涨的趋势，而其中标记 2 和 4 的波浪，我们称之为修正浪，它们的运动是阻碍或反主趋势方向的，很显然这里它们是下跌的趋势。以上就是基本的波浪的 5 浪模式。

1.2.2 修正浪的模式

一个完整的 5 浪推动模式结束后，紧跟着的是 1 个向上运动为中间媒体，2 个向下运动为基础趋势的"1 + 2"的模式即一个 3 浪的模式。我们称之为修正模式（图 1 – 19）。

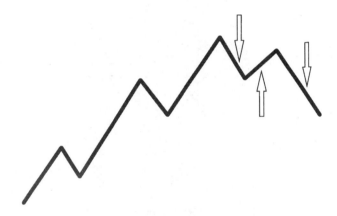

图 1 – 19　推动模式结束后的修正模式的 3 个浪

修正模式下的 3 个浪我们将标记为 A、B、C（图 1 – 20）。

图 1 – 20　修正浪标记为 A、B、C

当一个 5 浪主趋势方向运动结束后紧跟着的是一个 3 浪的反方向的抵抗，我们称之为修正。基本波浪的模式是一个 5 浪的推动后被 3 浪修正。不论是哪一级别的分形或时间框架，这一点都成立，这就是基本的波浪模式。

我们称 A、B、C 为修正浪或者修正波段。所以只要看到是以数字标记的都是推动波段或推动浪，而当我们看到以字母为标记一律都是修正浪或修正波段。这一点与是何等分形、何等时间框架无关。同样的，在下跌和向下趋势的基本 5 浪结构中，它由 3 个简单直接的趋势方向（向下）的推动浪与 2 个逆趋势方向（向上）运动的修正浪作为中间媒体组合而成（如图 1－21）。

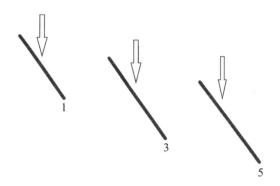

图 1－21　3 个向下运动的波浪示意图

1、3、5 浪作为直接性的趋势方向上运动，而 2、4 浪作为它们之间的衔接和中间媒体存在，2、4 浪是对趋势方向运动的妨碍和修正（如图 1－22）。

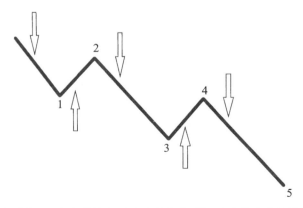

图 1－22　一个完整的向下运动的 5 浪（2、4 浪作为中间媒体）

13

我们说过看到以数字为标记的下跌趋势上的浪或上升趋势上的浪，我们称为推动浪。同样的，紧接着5浪趋势结束后再次由一个同推动趋势上的波浪作为衔接，两个逆推动趋势上运动的波浪作为基本浪的3波段结构。我们称它们共同对之前的5浪下跌趋势进行了修正（如图1-23）。

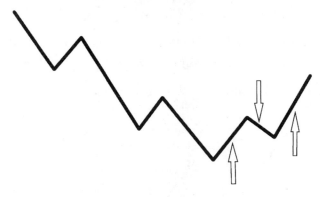

图1-23　下跌趋势5浪结束后紧接出现逆趋势上的3浪修正

同样的，我们标记他们为A、B、C。而B浪是与5浪推动趋势同向的媒介，衔接了另外2个浪——A、C作为逆推动趋势上的基本浪（如图1-24）。

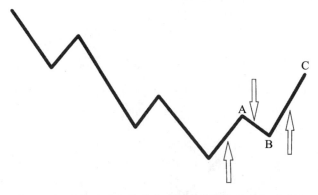

图1-24　5浪下跌趋势结束后3浪修正浪的标记示意图

我们不难发现，在一个上升趋势或上涨的市场里，推动浪的运动是绝对性的、压倒性的上升或上涨。而修正浪的运行却是抵抗和妨碍这样的上升或上涨趋势。同样的，在一个下降趋势或下跌的市场里，推动浪的运动是绝对性的、压倒性的下降或下跌，而修正浪的运行却是抵抗和妨碍这样的下降或下跌趋势。

1.3 基本波浪的特征

波浪的特征直接反映了人们在市场上的一切行为，并且这样的特征存在于任何一个时间级别或分形级别的波段。我们通常称 1 浪的起点为 0 点，标记为 point 0 或者直接标记为 0。而推动浪第 5 浪的终点我们称之为终点，标记为 point T 或者直接标记为 T，这里的 T 的含义为终点（如图 1 - 25）。

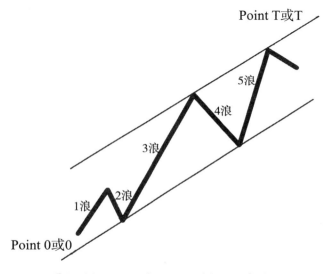

图 1 - 25 point 0 与 point T 的标记示意图

1.3.1 推动浪的特征

1. 1 浪的市场特征。

如图 1 - 26，当市场运作在 point 0 与 1 浪尾端前这一段的时候，市场仍然非常的微弱，市场仍然感受到处于熊市当中（以上涨推动为例），1 浪让人感觉是整个过程最基础的部分，也许当时只是认为是寻常进程的一部分。而且此时并没有非常明显的证据来表明，趋势或方向上将会出现重大的改变。1 浪，它是如此的普通，此刻的市场没有激动，没有激情，没有暴力的入市。很多时候的 1 浪拉升，人们仍然处于惯性的思维模式下，有可能很多人依然处于"SELL"（逢高做空）的状态。

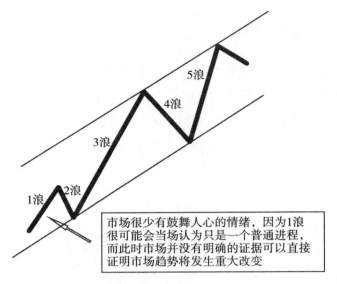

市场很少有鼓舞人心的情绪，因为1浪很可能会当场认为只是一个普通进程，而此时市场并没有明确的证据可以直接证明市场趋势将发生重大改变

图 1-26　1 浪的市场特征

2. 2 浪的市场特征。

如图 1-27，一旦 1 浪结束之后，我们期待一个与 1 浪相反方向上的 2 浪，2 浪是由于在 1 浪的上涨过程中产生了新的卖单和卖压积累，或是某些逢低买入趋引过程中产生的。这个过程交易者并没有意识到或完全意识到，这个 1 浪是一个新趋势方向上的 1 浪上涨，而只是当作另一个简单的下跌修正，所以交

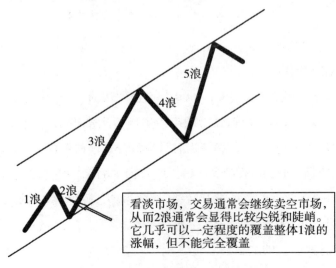

看淡市场，交易通常会继续卖空市场，从而2浪通常会显得比较尖锐和陡峭。它几乎可以一定程度的覆盖整体1浪的涨幅，但不能完全覆盖

图 1-27　2 浪的市场特征

易者容易在 1 浪上涨过程中逢高做空，或在 1 浪的峰值位置进场做空，形成了 2 浪。

3. 3 浪的市场特征。

如图 1－28 所示，3 浪的市场特征非常的显著，它会产生最大的获利机会。普林切特称 3 浪是一个必定要去争取的"奇迹"。

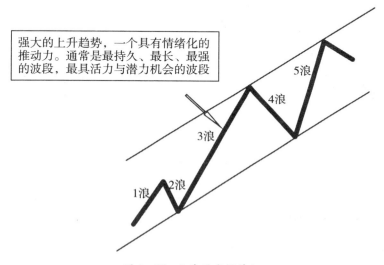

图 1－28　3 浪的市场特征

意识到是 3 浪的一个方法是观察到市场始终运行在一定的斜率基础上深入的潜行，并往往是坚若磐石般的层层往上叠加。3 浪会在整体上溢出 1 浪的范围。甚至有时候有些 3 浪看上去像是垂直的。通常 3 浪的时候，都会伴随着经济学上的背景或某些金融逻辑开始支撑这样的趋势性运动，而基本面上的原因也开始支持技术面在方向上的再次确认。

3 浪几乎总是那个最长的，最强的，有最大获利可能性的浪。它有时候还经常会扩展，因为往往在 3 浪的时候，基本面会大大的改善助推行情的发展，成交量会放大，价格的波动会鼓舞人心，行情也更容易情绪化。

4. 4 浪的市场特征。

一旦 3 浪结束，获利了结的行动很快表现在图表上。比较熟练的交易员会在 3 浪的早期就进入市场，并且现阶段已经坐拥了一定的利润。4 浪的特征与

2 浪的特征有很大程度的不同，但是仍然是自然性的修正回调（如图 1 - 29）。

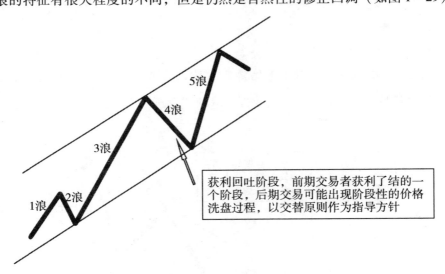

图 1 - 29　4 浪的市场特征

很多已获利的交易在 4 浪被反向回抽，甚至有些跟风或稍晚进场的交易者在 4 浪会产生亏损的现象。通常来说，4 浪的市场特征会持续的时间比较久，但是回撤的比例或幅度没有 2 浪那么激烈与深刻。

5. 5 浪的市场特征。

如图 1 - 30，5 浪是到达终点（point T）的最后的向前推进，在商品市场，

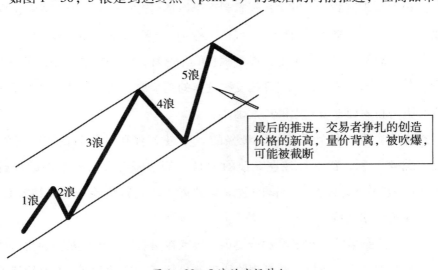

图 1 - 30　5 浪的市场特征

5 浪通常会最后被吹爆掉,在外汇市场或股市则并不一定。5 浪是交易者努力打出新高的最后挣扎。它跟 3 浪的市场格局与环境截然不同。一般情况下 5 浪的斜率、高度、增长速度不及 3 浪,也就是我们常说的 5 浪存在量价背离的情况。在货币市场,5 浪由于他是最后的推动浪,也会出现 5 浪无法创新高而失败的情况,这种情况我们称之为失败的 5 浪或者称为截断 5 浪,而出现截断的情况通常只有在市场出现了太过激烈的新情况才会发生。

以上就是推动浪的市场特征,同样每个修正浪都具有独特的市场特征。

1.3.2 修正浪的特征

1. A 浪的市场特征。

A 浪揭开了修正模式的序幕,无论是第二种趋势还是只是简单的 5 浪之后跟随的修正 A、B、C,它们所具有的市场特征是一致的。A 浪的阶段,交易者们往往会认定目前的拉回动作只是下一阶段牛市的回抽。由于之前的 5 浪的趋势思维惯性,A 浪的下跌让很多惯性思维的资金进入市场,这样 A 浪为后面的 B 浪埋下了伏笔(如图 1 - 31)。

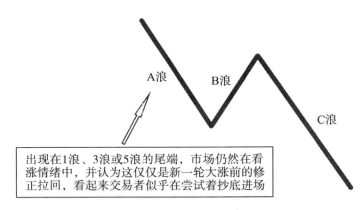

图 1 - 31 A 浪的市场特征

如果 A 浪本身由 5 个子浪组成,那么 A 浪会走得比较深,那么它有可能是单边型的折线型修正的第一阶段。如果 A 浪是由 3 个波段组成,那么 A、B、C 可能会走一个平头型(Flat)或三角型(Triangle)的某一段。

2. B 浪的市场特征。

如图 1 - 32,B 浪通常是多头陷阱,也是交易者容易被卷进去的一个浪。

当A浪结束以后，尤其是当A浪是3波段浪的类型，B浪容易比较快速的冲起来，并且很高，看上去很符合A浪时候交易举棋不定的心态被落实了一样，因为感觉上市场像是又重新确立了上涨趋势，没有意识到上涨的修正浪很快就会结束。稍后市场会看到向上的运动变弱并不可持续，修正B浪让人大失所望。当A浪是一个单边型的5波段类型时，B浪的规则上冲可能会是做空下一波段C浪的很好的卖点。

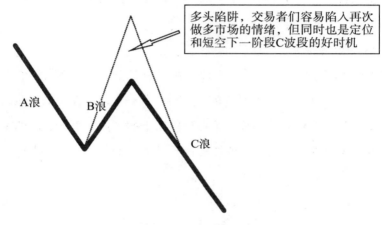

多头陷阱，交易者们容易陷入再次做多市场的情绪，但同时也是定位和短空下一阶段C波段的好时机

图1-32　B浪的市场特征

3. C浪的市场特征。

如图1-33，C浪经常被称为"杀人浪"，据统计大部分人的交易亏损和

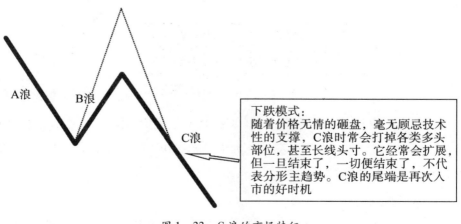

下跌模式：
随着价格无情的砸盘，毫无顾忌技术性的支撑，C浪时常会打掉各类多头部位，甚至长线头寸。它经常会扩展，但一旦结束了，一切便结束了，不代表分形主趋势。C浪的尾端是再次入市的好时机

图1-33　C浪的市场特征

交易亏损的最大比例都出现在 C 浪。大致有以下两个方面的因素导致了 C 浪的声名狼藉，一方面 C 浪是修正浪，而刚谈到的 A 浪和 B 浪容易在主趋势和惯性思维模式下引诱交易者进入，从而埋下亏损的伏笔。另一方面，C 浪是逆主趋势方向上最强，持续时间最久，最容易扩展的修正浪。C 浪一旦结束，那么他就此结束，但他并不代表趋势方向。C 浪的尾端是下一波段的启动点，同时也具有再次进入市场看多的价值。

1.4 波浪的数学应用介绍（斐波那契数列）

李奥纳多·斐波那契生于 12 世纪，是一位意大利的数学家。他以发现了斐波那契数字序列而闻名于世。

斐波那契数列的定义：包含 0 和 1 以及之后的一系列数字的序列。其中连续的后一个数字由紧挨着的前面 2 个数字相加得出。首先我们给出斐波那契定义的起始的两个数字，0 和 1。那么此时的斐波那契序列为：0，1。

Fibonacei（1170～1250）

第三个数字为前面 2 个数字之和得出即：0 + 1，那么我们就得到了斐波那契数列的第三个数字 1。仍然是 1，此时斐波那契序列为：0，1，1。

第四个数字为前面紧挨着的 2 个数字相加而得到，可以看到前面两个数字都是 1，第四个自然是 1 + 1。此时斐波那契序列为：0，1，1，2。

以此方式进行，我们得到第五个序列的数字是 1 + 2 = 3 序列变为：0，1，1，2，3

第六个数字：2 + 3，序列成为：0，1，1，2，3，5

第七个数字：3 + 5，序列成为：0，1，1，2，3，5，8

第八个数字：5 + 8，序列成为：0，1，1，2，3，5，8，13

第九个数字：8 + 13，序列成为：0，1，1，2，3，5，8，13，21

第十个数字：13 + 21，序列成为：0，1，1，2，3，5，8，13，21，34

第十一个数字：21 + 34，序列成为：0，1，1，2，3，5，8，13，21，34，55

第十二个数字：34 + 55，序列成为：0，1，1，2，3，5，8，13，21，34，55，89

第十三个数字：55 + 89，序列成为：0，1，1，2，3，5，8，13，21，34，55，89，144

……

0，1，1，2，3，5，8，13，21，34，55，89，144，233，377，610，987，1597，2584，4181，6765，10946，17711，28657，46368，…

就像大家看到的那样，数字不断地增加，数字序列不断的扩展，无穷无尽。

斐波那契数列与艾略特波浪理论的连接：

在波浪计数的时候，斐波那契数列经常出现在计算的过程中，让我们来具体地看一下，它们之间的关联和关系。首先我们先列出斐波那契数列：0，1，1，2，3，5，8，13，21，34，55，89，144，233，377，610，987，…

我们来看下面的(1)与(2)，见图1-34，即1浪和2浪，它们分别对应上面数列的1，1的关系。那么我们得到（1）+（2）= 2 个浪。

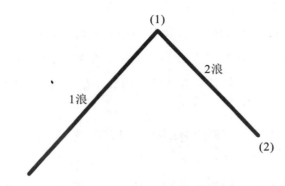

图1-34　1浪 + 2浪 = 2个浪段——斐波那契数字之间的关系

（1）代表 1 个浪，（2）代表 1 个浪，那么自然我们看到了 2 个浪。如果我们按照分形细化的角度看（1）浪由 1、2、3、4、5 这 5 个子浪组成，而（2）浪由 A、B、C，3 个子浪组成。如图 1－35A，那么对应的是 1、2、3、4、5、A、B、C，8 个浪，即斐波那契数列的 3＋5＝8。

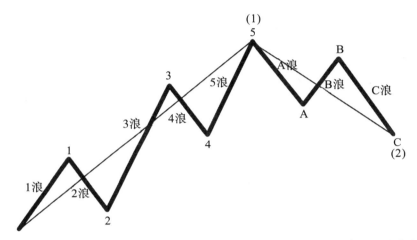

图 1－35A　1、2、3、4、5、A、B、C，8 个浪段——斐波那契数字之间的关系

我们可以认为任何级别或分形的波浪都可以由它们低一等级的分形或波浪组合而成。具体来说，（1）浪和（2）浪如果是日线级别的 2 个浪，那么它们分割到下一级别便是 5 浪与 3 浪的组合，而这个级别低于日线的时间框架，可能在 4H 或 1H 能够清楚的辨别。进一步我们把 8 个浪再切割成它们的子浪，我们会发现，它们的子浪由 21 个子浪与 13 个子浪组合而成，即斐波那契数字序列的 13＋21＝34，一共有 34 个子浪。

如图 1－35B，原本的（1）浪和（2）浪，分割为 1、2、3、4、5、A、B、C，8 个浪段，再次分割为 i、ii、iii、iv、v、a、b、c，34 个浪段。同样的，我们照此规则，按下一级别再次分割下去，我们会得到更多的、更小的时间框架下的子浪，下一个应该是 55＋89＝144，其中 89 个子浪在推动浪内，55 个子浪在修正浪内，同理可推下一级别是 233＋377＝610……如此下去，无穷无尽。

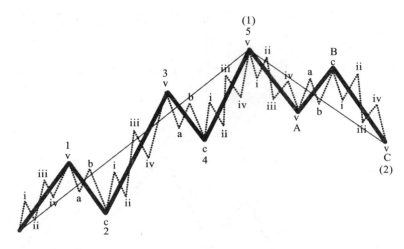

图1-35B　ⅰ、ⅱ、ⅲ、ⅳ、ⅴ、a、b、c, 34个浪段——斐波那契数字之间的关系

1.5　黄金分割定律

斐波那契数列的一个特殊的重要贡献是黄金分割比例，又称"完美比值"。黄金分割被认为是在自然、建筑、艺术和音乐上最佳的和谐比例，让我们来看以下几个常见的例子：

1.5.1　鹦鹉螺贝壳

鹦鹉螺，其螺旋结构看起来有一种特殊的美感，实际上，如果我们按照斐波那契数列取边长分别为1、1、2、3、5、8、13、21的正方形，然后以各正方形的一个顶点为圆点画出四分之一的圆弧，再连接所有圆弧，最后形成的螺旋线就是黄金螺旋线（如图1-36A、图1-36B、图1-36C所示）。

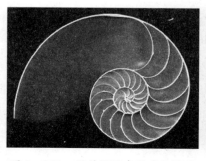

图1-36A　鹦鹉螺贝壳的截面图形

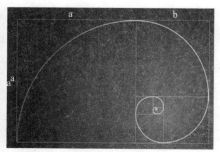

图1-36B　黄金螺旋线

鹦鹉螺的螺旋线和黄金螺旋线是重合的，从数学上来讲，把一条线段分割为两部分，使得较大部分与全长的比值等于较小部分与较大部分的比值，这就是说明鹦鹉螺的每一段落的比值都是上一级较大段落的黄金分割值。每一段的比例划分都是按照黄金分割比例而来。

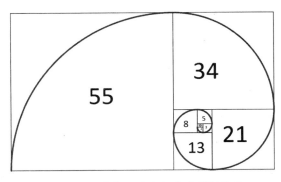

图1-36C 黄金螺旋线与斐波那契数列

1.5.2 向日葵

向日葵中心种子的排列图案符合斐波那契数列，也就是1，2，3，5，8，13，21，34，55，89，144，…在向日葵（图1-37）上面，这个序列以螺旋状从花盘中心开始体现出来（图1-38）。有两条曲线向相反方向延展，从中心开始一直延伸到花瓣，每颗种子都和这两条曲线形成特定的角度，放在一起就形成了螺旋形，根据国外网站的数据研究证明，为了使花盘中的葵花籽数量达到最多，大自然为向日葵选择了最佳的黄金数字。花盘中央的螺旋角度恰好是137.5度，十分精确，只有0.1度的变化。这个角度是最佳的黄金角度。两组螺旋（每个方向各有一个）清晰可见。葵花籽的数量恰恰也符合了黄金分割定律。

图1-37 向日葵的花盘

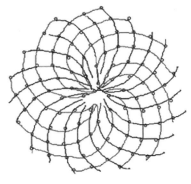

图1-38 向日葵种子两组螺旋

25

1.5.3 《维特鲁威人》

《维特鲁威人》（意大利语：*Uomo Vitruviano*）是达·芬奇在1487年前后创作的素描画（图1-39）。它是钢笔和墨水绘制的手稿，规格为34.4cm×25.5cm。达·芬奇努力绘出了最完美比例的人体。这幅由钢笔和墨水绘制的手稿，描绘了一个男人在同一位置上的"十"字形和"火"字形的姿态，并同时被分别嵌入到一个矩形和一个圆形当中。该画根据古罗马建筑家维特鲁威（Vitruvii）的名字命名，该画作中的男子人体各部分的比例完全符合黄金分割，这就是达·芬奇密码的由来。

图1-39 达·芬奇的著名素描画《维特鲁威人》

1.5.4 万神庙

万神殿（图1-40A）是至今完整保存的唯一一座古罗马帝国时期的建筑，始建于公元前27～前25年，用以供奉奥林匹亚山上的诸神，可谓是古罗马时期的经典建筑。穹顶矢高和直径同是43.3米，这样万神殿的剖面恰好可以容得下一个整圆，而它的墙面分割也接近于黄金分割（图1-40B），因此常被作为通过几何形式达到构图和谐的古建筑实例。

图 1－40A　万神殿古建筑实例

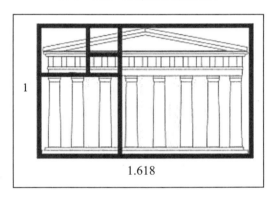

图 1－40B　万神殿古建筑实例

黄金分割应用在建筑学中的实例非常常见，我们一般可以按照建筑特征，绘制出黄金螺旋（图 1－40C）。

图 1－40C　万神殿古建筑实例

甚至在现代的网页设计，黄金分割比例也得到了应用，因为符合美学的规律（图1-41A）。

图1-41A　Twitter网站的黄金分割比例

这是自然的力量，是大自然选择了斐波那契序列的黄金分割，而这样的案例还有很多（图1-41B）。

图1-41B　大自然选择了黄金分割比例

黄金分割率是从斐波那契数列计算得来的，并且根据计算我们还可以得到其他几个非常重要的比例关系，以后会在艾略特波浪理论的实际应用中经常使用，值得我们注意。黄金分割率是通过找到斐波那契数列的连续值之间的比值获得。必须是连续的值，而且是前值除以后者，否则将得到其他比例的关系。

让我们一起来计算一下：

0，1，1，2，3，5，8，13，21，34，55，89，144，233，377，610，987，…

例如：8 除以 13，等于 0.615

例如：13 除以 21，等于 0.619。21 除以 34，等于 0.618。34 除以 55，同样得到是 0.618。55 除以 89，89 除以 144，都能得到比值为 0.618。如果继续计算下去，我们会发现他们连续值之间的比值会无限趋近于一个数值，这个数值就是黄金分割率。

黄金分割率，通常用希腊字母 Φ 来表示。即 Φ = 0.618。

Φ 的倒数是：1/Φ = 1.618，这就相当于把斐波那契数列的后一个较大的数字去除以紧挨着的前一个较小的数字，那样就可以得到黄金分割率的倒数即 1.618。

举个例子：用数列中的数字 34 去除以它前一个数字 21，可以得到 1.618。用 55 除以 34，可以得到 1.618，89 除以 55，144 除以 89，同样可以得到 1.618。

现在我们已经通过斐波那契数列的计算，得到了黄金分割率 0.618 与它的倒数 1.618。接下来我们仍然通过举例和计算来看其他几组重要数值是如何得出的。

通过斐波那契数列，相邻的间隔一个数值的比值我们可以得到另外一组重要的比值关系，0.382 和 2.618。

比如，我们用 34 除以间隔一个的数值 89，可以得到 0.382 的比值。反过来用 89 除以间隔一个的数值 34，可以得到 2.618 的比值。同样的情况，55 除以 144 等于 0.383，144 除以 55 得到 2.618。用间隔的数字的比值，我们就此得到了 0.382 和 2.618 这两个重要的比值。

通过斐波那契数列，相邻的间隔两个数值的比值我们还可以得到多一组的比值关系，0.236 和 4.238。

比如 21 与 89 的比值即为 0.236 或 4.238，那么 21 与 89 为相隔 2 个数字的关系。34 和 144，55 和 233，也是这样的关系，他们之间的比值可以按照同样的方法计算得出 0.236 和 4.238。

上述的比例值：0.618 和 1.618，0.382 和 2.618，0.236 和 4.238，这些比值关联在艾略特波浪理论中有着广泛的应用。

1.6 三个基本规则

艾略特波浪理论存在 3 个基本规则，而这 3 个基本规则是不能被打破的。

第一条：2 浪不会回撤超过 100% 的 1 浪。

第二条：3 浪不会是最短的。

第三条：4 浪回撤不能进入 1 浪的价格领域。

如果上述的任一条被触及，那么波浪的计数就存在问题，就必须重新计数。

第一条，2 浪不允许回撤超过 100% 的 1 浪，也就是 2 浪从不允许跌破 Point 0，即启动 0 点。否则，它就不再是 2 浪，需要重新定义或计数（如图 1–42A）。

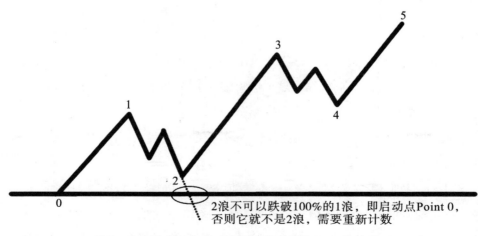

2浪不可以跌破100%的1浪，即启动点Point 0，否则它就不是2浪，需要重新计数

图 1–42A 2 浪不可跌破 1 浪的启动点 "Point 0" 示意图

第二条，3 浪永远不会是最短的，如果我们在安排的时候发现 3 浪同时短于 1 浪和 5 浪，那么波浪的计数就存在问题，计数就需要重新来过（如图 1－42B）。

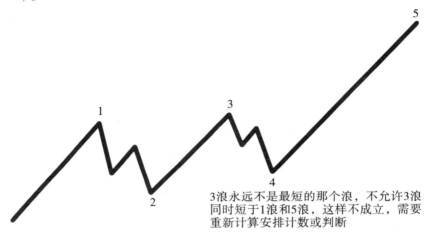

3浪永远不是最短的那个浪，不允许3浪同时短于1浪和5浪，这样不成立，需要重新计算安排计数或判断

图 1－42B 3 浪永远不最短示意图

第三条，4 浪回撤不能进入 1 浪的价格领域，当我们在 4 浪回撤时候进去做多市场的时候，要确保 4 浪不能低于 1 浪的顶部，否则这个浪就不是推动浪的动力浪，而可能是其他类型图形（如图 1－42C）。

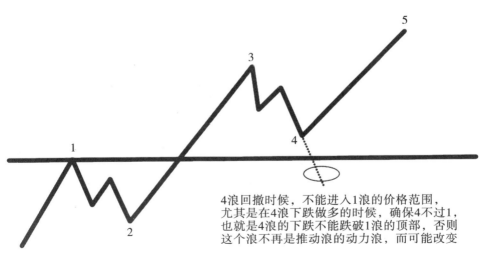

4浪回撤时候，不能进入1浪的价格范围，尤其是在4浪下跌做多的时候，确保4不过1，也就是4浪的下跌不能跌破1浪的顶部，否则这个浪不再是推动浪的动力浪，而可能改变

图 1－42C 4 不过 1 顶部，否则不是动力浪示意图

1.7 波浪的标记

在波浪理论体系中波浪的标记以及浪的命名是有约定的，当然我们在讨论或实盘的时候为了快速地讲解往往会忽略这样的规范，但是到正规场合，这样的约定是必需的。

首先月线级别的主浪我们标记为：①、②、③、④、⑤、Ⓐ、Ⓑ、Ⓒ

在周线中间级的波浪我们标记为：(1)(2)(3)(4)(5)(A)(B)(C)

在日线次要级别的浪我们标记为：1、2、3、4、5、A、B、C

在小时图中日内的浪我们标记为：ⅰ、ⅱ、ⅲ、ⅳ、ⅴ、a、b、c

另外当图形标记过于繁琐，过多层次的时候，有些分析师还用不同颜色的标记来划分。这就看实际的需要和各国的文化特征了：特别的超大周期我们会标记为：特一、特二、特三、特四、特五、特A、特B、特C，通常这样的周期的一个浪就可能要走好多年，其中一个浪会运行数个季度之久，这个是我们目前标记过的最大的浪。

一般周期：一、二、三、四、五、A、B、C。这样的周期，通常会运行好几个季度，其中一个浪会运行数个月之久。（注意：这里的字母标记通常要偏大一些，以便防止与低等级浪混淆）

主级周期：①、②、③、④、⑤、Ⓐ、Ⓑ、Ⓒ。这样的周期，通常会运行好几个月，其中一个浪会运行数个周之久。通常标记在月线级别。

中级周期：(1)(2)(3)(4)(5)(A)(B)(C)。这样的周期，通常会运行好几周，其中一个浪会运行数个交易日之久。标记在周线框架。

次级周期：1、2、3、4、5、A、B、C。这样的周期，通常标记在日线，整个周期运行需要多个交易日，其中一个浪会运行数根或数十根4H线。这个标记是目前使用最多、最频繁的标记。

日内周期：ⅰ、ⅱ、ⅲ、ⅳ、ⅴ、a、b、c. 这样的周期，通常标记在4小时或1小时图时间框架上。整个周期运行需要1~2个交易日，其中一个浪会运行数根1H线或4H线，这个标记使用也比较广泛。

如果需要标记比1H或4H更小的时间框架下的波浪，为了便于区分，有时候我们会标记为（ⅰ）、（ⅱ）、（ⅲ）、（ⅳ）、（ⅴ）、（a）、（b）、（c），或者 -ⅰ、-ⅱ、-ⅲ、-ⅳ、-ⅴ、-a、-b、-c，用来标记比小时图形更小级别的浪，它们主要是用来标记 15 分钟图或者 5 分钟图。

所以波浪是有级别大小问题，不能把尺寸悬殊的混为一谈。

从时间框架的角度出发，我们就不难理解，例如从中级周期的（1）浪和（2）浪，周线级别切换到次级周期的日线图来看，就变成了 1、2、3、4、5、A、B、C 这 8 个子浪，继续切换到日内周期，用 4H 图来划分这 8 个子浪就变成 34 个子浪，其中前面 21 个子浪即为 5 浪，也就是（1）浪，后面 13 个子浪即为 3 浪，也就是（2）浪。

周线　　　　　　　　（1）浪和（2）浪=2个浪

日线　　　1、2、3、4、5、A、B、C=8个浪

小时线　　ⅰ、ⅱ、ⅲ、ⅳ、ⅴ、a、b、c、=34个浪

21个子浪　　　　13个子浪

图 1-43　波浪计数在不同时间框架下的切换

当一个完整的浪周期走完，那么它将进入下个更大的周期，倒过来也一样。当 1 个日线级别浪走完，可能我们从小时图看到的一个完整的 5 浪结束。而后面的修正浪 A、B、C 可能是 2 浪或者 4 浪。

现在让我们回过来再看下一个完整的市场模型（图 1-44）：

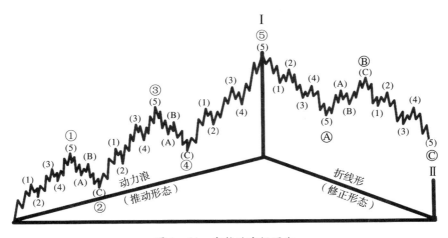

图 1-44　完整的市场周期

我们会发现 I 浪是下一级别的 5 浪，是再低一级别的 21 浪，再划分为 89 个更低等级的细节浪。II 浪是下个级别的 3 浪，再低一级的 13 浪，再划分为 55 个更低等级的细节浪。不难看出他们的数字序列刚好是 1、1、2（总和）、3、5（低一级）、8（总和），13、21（再低一级）、34（总和）、55、89（更低一级）、144（总和），这就是斐波那契数列。

注：Impulse 推动浪，Motive 动力浪，Corrective 修正浪，Zigzag 折线型：这里我们习惯性地把 Impulse 称为推动浪，而 Motive 动力浪的概念缩小，对应于 Diagonal 浪。这样便于理解和称呼。即推动浪包括动力浪（不重叠）和 Diagonal 浪（斜纹型或对角线型推动浪）（重叠）。

1.8 波浪理论概述的案例

调取 2005 年 1 月至 12 月欧元/美元货币周线走势作为案例，观察 5 浪的划分，一个完整的 5 浪下跌（周线级别）（如图 1 - 45）。

图 1 - 45 一个完整的 5 浪下跌（周线级别）

留意细化划分到日线级别。复习本章内容"分形，波浪的标记、波浪的细节的转化"。

周线—日线，从 5 个浪变化成为 21 个浪，再细化到 89 个浪（如图 1 - 46）。

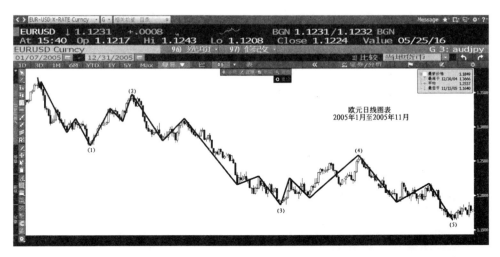

图 1-46 一个完整的 5 浪下跌（周线到日线的细化），从 5 个浪细化成 21 个浪

第二章　推动浪模式（一）

　　我们日常所看到的 K 线，通过对波浪理论的理解，它们实际上是由不断的嵌入自身分形形态的子浪组合拼接而成的，而这样的组合在时间框架上无穷无尽的不断嵌入（如图 2－1）。

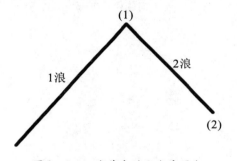

图 2－1　一个基本的 2 个浪周期

　　无论是任何级别或任何部位的波浪都由更细小的，低一等级的子浪组成（如图 2－2）。

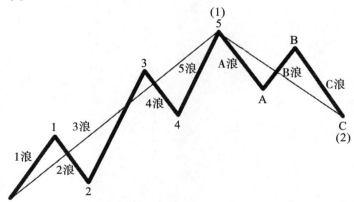

图 2－2　一个基本的 2 个浪周期由低一级的 8 个子浪组成

就像如此，这样的推动浪结构可以是 15 分钟线、1 小时线、日线或周线，但是不论什么样的时间框架下面，它的内在结构是相同的。由于不同等级的波浪是自相似的，即符合分形规则（图 2-3）。所以一段单纯的简单的推动型的拉升，它可以是（1）浪，可以是（3）浪或者（5）浪。但是任何一个推动型的拉升结束后都一定紧跟着一个修正型的下跌。它可以是（2）浪，可以是（4）浪或者 A 浪。

图 2-3　8 个子浪根据分形原则，由比它更低一级别的"自我分形"组合而成

艾略特第一次发现并描述了这样的情况，每当他看到一个 8 个浪的波浪，1、2、3、4、5、A、B、C，都会发现在扩大一级的时间框架下面，实际上就是 2 浪里的（1）浪和（2）浪。也就是说如果日线上面，我们看到了 1 浪的推动和紧跟的 2 浪修正，那么在小时线，我们就应该能看到 i 、ii 、iii 、iv 、v 、a 、b 、c 。

这是波浪理论的波浪所特有的属性，这样的推动结构我们称之为是波浪的形态。每当分析一个新的标的物的时候，我们首先要做的就是寻找它的形态。通常会先在一个非常广泛的时间框架下面，寻找它的基础形态，即一个 5 个波段的推动结构紧跟着一个 3 个波段的修正结构，总共 8 个波段的结构，然后再到下一级别的时间框架将 5 浪分割为 21 个波浪段，将 3 浪分割为 13 个波浪段，即成功地将 8 浪在下一级时间分形上划分出 34 个浪段（如图 2 - 4），如果有必要的话，还会在更低级时间框架下划分出 89 个 + 55 个 = 144 个子浪段，这样就更容易确立或分析接下来可能运行的波段了。

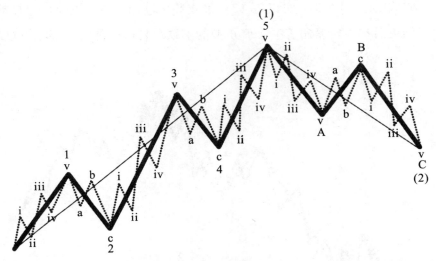

图 2 - 4　8 个子浪由更低一级别的子浪组成，ⅰ、ⅱ、ⅲ、ⅳ、ⅴ、a、b、c34 个浪的标记

2.1　推动浪的结构

推动浪的结构包括 3 种不同的类型的具体结构：

1. 动力浪，它属于推动浪结构类型。

2. Leading Diagonal 浪（引导或启动对角线型推动浪），它属于推动浪结构类型。

3. Ending Diagonal 浪（结尾或终结对角线型推动浪），它属于推动浪结构类型。

Leading Diagonal 浪和 Ending Diagonal 浪统称为 Diagonal 浪（对角线型推动浪）。推动浪是我们对以上 3 种具体不同结构的推动浪的统称，而我们说到推动浪，往往是泛指动力浪，而忽视了 Diagonal 浪的类型。而实际上 Diagonal 浪的推动浪也非常常见，并不属于修正浪。

2.2 三种推动浪的结构

让我们来看一下它们具体的图形。

1. 动力浪（图2-5）：

2. Leading Diagonal 浪（图2-6A）：

图2-5 推动浪的动力浪示意图

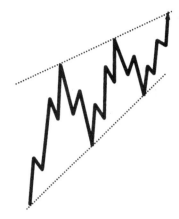

图2-6A 推动浪的 Leading Diagonal 浪示意图

3. Ending Diagonal 浪（图2-6B）：

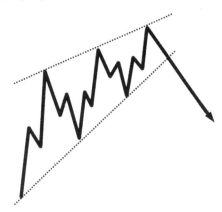

图2-6B 推动浪的 Ending Diagonal 浪示意图

2.3 动力浪与 Diagonal 浪的特征

动力浪的结构是艾略特波浪模型的基石。动力浪也是推动浪结构中最为常见的模式。

2.3.1 动力浪

动力浪由 5 个独立的运动组成：

如图 2-7A 所示，1 浪在主要趋势方向上的直接运动，2 浪作为一个回撤，3 浪作为在主趋势方向上的强烈的运动，4 浪作为一个回撤，5 浪是朝着主趋势方向上的最后的运动。

整体而言，动力浪在直接方向上的运动是非常强有力的。通常情况下，一个上升形态的动力浪，是开始于某一主要的低位区域，或者是某一段主要的下跌运动结束后才开始出现。而一个下跌形态的动力浪，是开始于某一主要的高位区域，或者是某一段主升段结束后出现。

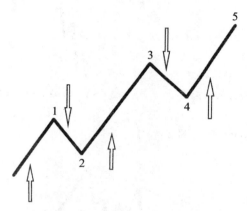

图 2-7A　推动浪的动力浪形态——3 个向上的运动紧跟 2 个向下的运动

以上就是一个动力浪的例子，一个基础 5 浪的形态。

对于动力浪而言，存在上一章说的 3 个基本规则或者所谓"铁律"，而这 3 条不能被打破的基础原则就是针对动力浪而言的。

第一条：2 浪永远不会回撤超过 1 浪底。

第二条：3 浪永远不会是最短的。

第三条：4 浪回撤但不能进入 1 浪的范围。

如果不符合上述三条，那么此波浪段就不是动力浪，而是其他形态的模式。尤其注意的是第三条，4 浪回撤不能进入 1 浪的范围。

这是动力浪与 Diagonal 浪的一个显著的区别。如果 4 浪进入了 1 浪的范围，我们可以认为它一定不是动力浪，但是不能一口咬定它一定不是推动浪，因为它仍然可能是 Diagonal 浪形态的推动浪（如图2－7B）。

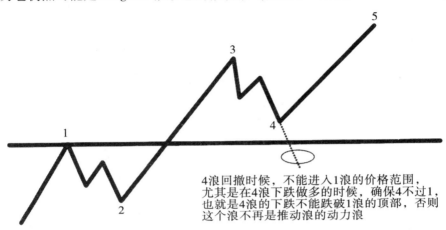

4浪回撤时候，不能进入1浪的价格范围，尤其是在4浪下跌做多的时候，确保4不过1，也就是4浪的下跌不能跌破1浪的顶部，否则这个浪不再是推动浪的动力浪

图2－7B 推动浪的动力浪4浪不过1浪顶部，否则不再是动力浪

2.3.2 Diagonal 浪的结构特征

Diagonal 浪的结构特征与动力浪的结构特征是有很大不同的：

1. 动力浪在趋势方向上的运动是非常强劲有力的，但是 Diagonal 浪相对于动力浪而言在趋势方向上的运动弱了很多。

2. Diagonal 浪通常运行在收敛或扩散的趋势线上或通道内。如图2－8，

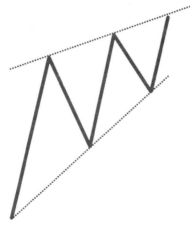

图2－8 推动浪的 Diagonal 浪运行在收敛趋势线上或通道内的示意图

注：Diagonal 英文翻译即为对角线型或斜纹型，这里为了方便记忆与方便跟修正浪的三角型做区分，故而直接引用 Diagonal 浪来描述。

Diagonal 浪运行在收敛的趋势线上或收敛通道内。这一点也反应出 Diagonal 浪没有动力浪强劲，斜率也比动力浪平坦许多。但这不影响它是推动浪形态的本质。

3. 在动力浪描述的时候，或者泛泛谈波浪铁律的时候，我们常常提到 4 不过 1，即 4 浪不能进入 1 浪的范围或触及 1 浪的顶点，而 Diagonal 浪作为同样的 5 个子浪的结构，它的 4 浪规定必须进入 1 浪的范围，否则它就不是 Diagonal浪了（如图 2 −9）。

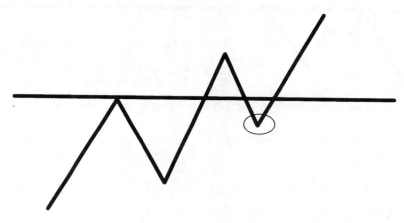

图 2 −9　推动浪的 Diagonal 浪 4 浪必须进入 1 浪的范围

4. Diagonal 浪是属于推动浪的范畴，Diagonal 浪形态在外汇市场和商品市场非常常见，虽然它跟动力浪在形态上有些不同，但是属性是一致的，虽然 Diagonal浪在形态上与修正浪的三角型有些相似，但在应用和属性上截然不同。

2.3.3　Ending Diagonal 浪和 Leading Diagonal 浪

Ending Diagonal 浪和 Leading Diagonal 浪有着不同的特征，它们在内部结构上也是不同的。某种角度来看 Ending Diagonal 浪比 Leading Diagonal 浪更为常见。

2.3.4　Ending Diagonal 浪的结构特征

如图 2 −10A 所示，Ending Diagonal 浪的内部结构有很大的独特性，它内部的每一个"脚"都由 3 个浪组成，或者每一个"脚"都由修正浪模式完成。即 Ending Diagonal 浪分割出来的独立的 5 个子浪，每个子浪都分别由一个 3 浪来完成。

图 2 - 10A　推动浪的 Ending Diagonal 内部结构特征

即如果图 2 - 10B 所示，收敛趋势线内的 Ending Diagonal 浪由 i 、ii 、iii 、iv 、v，5 个子浪组成，他们运行在收敛的虚线通道内，任何一个子浪都由 3 个独立波段组成。

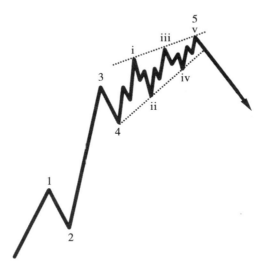

图 2 - 10B　推动浪的 Ending Diagonal 浪内部结构特征，内部子浪的标记示意图

因此 Ending Diagonal 浪必须由 i 、ii 、iii 、iv 、v 组成，也就是由 abc + abc + abc + abc + abc，组成。我们讲到 Ending Diagonal 浪内部结构的时候通常

用3－3－3－3－3来描述，因为3代表的就是a、b、c，3个波浪段。而一共有5个独立的3波段连接而成（见图2－10C）。

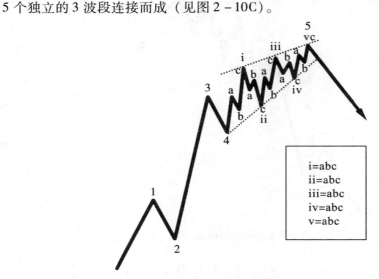

i=abc
ii=abc
iii=abc
iv=abc
v=abc

图2－10C　Ending Diagonal浪内部结构特征，每个子浪均由3个浪段a、b、c完成

Ending Diagonal浪概括起来有以下几个结构特征：

1. 独特的3－3－3－3－3的内部结构特征。

2. Ending Diagonal浪通常被发现存在于一个波浪段的尾端，比如推动浪的末端第5浪的位置，或者修正浪的末端C浪的位置。

3. Ending Diagonal浪的iv浪必须与i浪部分重叠，也就是iv必须进入i的一部分范围。

4. Ending Diagonal浪的出现意味着行情的即将转变，如果是在高位的第5浪的位置出现，那就是主方向反转的开始。它就像是在冲高过程中逐渐降速，并逐渐失去动力慢慢地开始转向。之后主趋势方向就发生了改变。

5. Ending Diagonal浪通常会在之前的行进过大、推动过快的波浪尾声出现。在有些经典的技术分析对上升型的Ending Diagonal浪描述为终结楔型或上升楔型，而对于下跌型的Ending Diagonal描述为终结楔型或下降楔型。

2.3.5　Leading Diagonal浪的结构特征

Leading Diagonal浪的内部结构同样具有鲜明的特征性，它的内部每一个"脚"依次由5浪和3浪组成，或者每一个"脚"都由推动浪与修正浪交替组合而成。Leading Diagonal 浪分割出来的独立的 5 个子浪，他的结构依次是 i、ii、iii、iv、v，5 个子浪的结构特征，所以 Leading Diagonal 浪的结构一共有 5 个"脚"，即 5 个波浪段。

即如图 2 - 11A 所示，收敛趋势线内的 Leading Diagonal 浪由i、ii、iii、iv、v，5 个子浪组成，他们运行在收敛或扩展的虚线通道内，第一个"脚"由 5 个子浪组成，第二个"脚"由 3 个子浪组成，第三个"脚"由 5 个子浪组成，第四个"脚"由 3 个子浪组成，第五个"脚"由 5 个子浪组成，即间隔的由子 5 浪与子 3 浪依次作为"触脚"在一个收敛趋势通道内连接而成的形态。

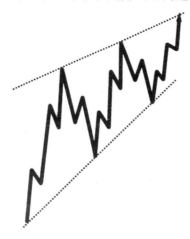

图2 - 11A　推动浪的 LeadingDiagonal 浪内部结构特征示意图

如图 2 - 11B 所示，因此 Leading Diagonal 浪必须由 1、2、3、4、5 组成，也就是由（i - v）＋abc＋（i - v）＋abc＋（i - v）组成。我们讲到 Ending Diagonal 浪的内部特征用 3 - 3 - 3 - 3 - 3 来描述，那么 Leading Diagonal 浪内部特征用 5 - 3 - 5 - 3 - 5 来描述，其中 5 代表的就是 i、ii、iii、iv、v 这 5 个子浪，而 3 代表的是 a、b、c 这 3 个子浪。同样一共加起来有 5 个独立的波段连接而成。

Leading Diagonal 浪概括起来有以下几个结构特征：

1. 5 - 3 - 5 - 3 - 5 的内部结构特征。

2. Leading Diagonal 浪通常被发现存在于一个波浪段的起点，比如推动浪的启动点第 1 浪的位置，或者修正浪的启动点 A 浪的位置。

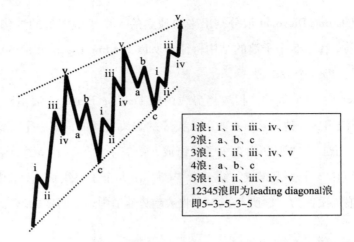

1浪：i、ii、iii、iv、v	
2浪：a、b、c	
3浪：i、ii、iii、iv、v	
4浪：a、b、c	
5浪：i、ii、iii、iv、v	
12345浪即为leading diagonal浪	
即5-3-5-3-5	

图 2 – 11B　推动浪的 Leading Diagonal 浪内部结构特征与子浪的构成

3. Leading Diagonal 浪的iv浪必须与 i 浪部分重叠，也就是iv必须进入 i 浪的一部分范围。

4. Leading Diagonal 浪往往会伴随下一步的深度修正或深度回调来作为它的后续响应。

5. Leading Diagonal 浪在形态上并非一定是聚拢或收敛的通道，它也同样可以是扩张的，分叉扩散的通道，这一点跟 Ending Diagonal 浪的形态有很大的不同（如图 2 – 12）。

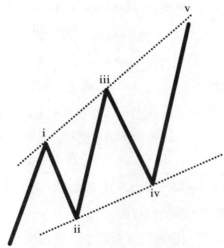

图 2 – 12　分叉发散形态的 Leading Diagonal 浪

2.4　截断浪

有时候第五浪的结束，我们会称为是截断 5，或者失败的第 5 浪，下面我们就来谈一下在第五浪被截断的这种情况。这就意味着 5 浪在突破 3 浪峰值的过程中失败了或被截断了。故而得名失败 5 浪或截断 5 浪。

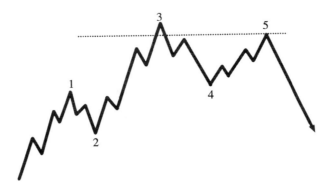

图 2-13　截断 5 浪的示意图

如图 2-13 截断 5 浪概括起来有以下几个结构特征：

1. 截断仅发生在 5 浪。

2. 5 浪没有超过 3 浪再继续主趋势方向上运动。

3. 5 浪在细节上仍然存在 i - ii - iii - iv - v 5 个子浪。

4. 而上述 5 个子浪的内在结构仍然是 5 - 3 - 5 - 3 - 5，并仍然遵守波浪理论规则。

5. 截断 5 浪是一个很短的浪，它的整体就是反转的一个信号，并且往往组成它的 K 线也暗示了这一点，之后跟随着截断 5 浪的是主趋势方向的改变。

6. 在有些经典的技术分析上对截断 5 浪形态当作为双顶形态来描述。

2.5　推动浪的扩展

有时候观察动力浪运动的时候，看上去好像不断地向主趋势方向上推进，我们把这种情况称作波浪的扩展。波浪的扩展概念不仅仅局限在动力浪或推动浪上，它也同样存在于修正浪。但是需要指出的是扩展的概念，动力浪或推动浪往往指的是在方向上和幅度上的扩展（价格轴），而修正浪是在时间和跨度上，或者形态上的扩展（时间轴）。

下面我们来看一下对扩展形态推动浪的描述和主要特征：

1. 扩展型推动浪是"逾常"的细节片段加长了的推动浪，如图 2 – 14。

图 2 – 14　推动浪的扩展示意图

2. 扩展可以发生在任何一个推动片段上面，即扩展可以发生在第 1 浪上面，或者第 3 浪，或者 5 浪（不是 2 浪或 4 浪），有且只有一个扩展发生，不能同时发生，更不能发生在修正片段上。

3. 就像我们之前描述的那样，3 浪往往是那个最长、最强，有最大获利可能性的浪，且会伴随一定的经济学和金融逻辑的背景，所以 3 浪发生扩展是最常见的。

扩展型的推动浪，3 浪发生扩展最为常见，举个例来看：

如图 2 – 15 所示，在原有的 5 浪结构基础上，其中第 3 浪发生了 1 次扩展，很明显 3 浪由另一个子 5 浪组合而成，那么原来的 5 个浪，在这里可以看作是 1 浪、2 浪、4 浪、5 浪，外加 3 浪的子 5 浪。

图 2-15 推动浪的 3 浪 1 次扩展的示意图

在某些时候，称这样的扩展型推动浪为：4 个主浪 +5 个子浪 =9 波浪段（扩展型推动）。

上述例子说明了 1、2、3、4、5，这 5 个浪中的 3 浪发生了扩展，同样的，可能再发生一级扩展，即 3 浪扩展出来的 i 、ii 、iii 、iv 、v，仍然可以再发生一次扩展，并且同样遵照符合扩展型推动浪的 3 个主要特征，仍然有且只有一次，且发生在 i 、iii 、v 的任意一个推动片段上。

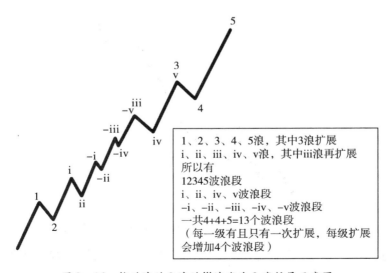

> 1、2、3、4、5浪，其中3浪扩展
> i、ii、iii、iv、v浪，其中iii浪再扩展
> 所以有
> 12345波浪段
> i、ii、iv、v波浪段
> -i、-ii、-iii、-iv、-v波浪段
> 一共4+4+5=13个波浪段
> （每一级有且只有一次扩展，每级扩展
> 会增加4个波浪段）

图 2-16 推动浪的 3 浪的 iii 浪发生 2 度扩展示意图

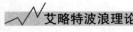
举个2级扩展的例子看，在图2－16原有的5浪结构的基础上，其中第3浪发生了1次扩展，很明显3浪由另一个子5浪组合而成，ⅰ、ⅱ、ⅲ、ⅳ、ⅴ，其中ⅲ再次发生扩展，ⅲ浪仍由另一个更细等级的子5浪组合而成。

值得注意的是：

1. 扩展型推动浪或多重扩展型推动浪，它们并没有也不能违背任何一条约定的上一章1.5讲的三个基本规则。

2. 我们可以在上图3浪扩展后，ⅲ浪的再次扩展找到1浪－2浪－ⅰ浪－ⅱ浪－……也就是"1－2－1－2－1－2……"这样类型的推动形态。

试问如果其他浪位发生扩展，并且该浪位扩展出来的细节浪位再发生扩展，并且需要符合基本规则，那么波浪的形态又是怎样，它们的变化与区别在哪里，可以试着比较一下。

下面我们看第1浪发生扩展的情况：

如图2－17，当（1）浪发生了扩展，由1、2、3、4、5，5个子浪组成，而下面是常规的（2）、（3）、（4）、（5）一共也是5＋4＝9个波浪段。如果（1）浪发生了扩展，按照规则，那么（3）、（5）浪就不可能发生扩展，又因为三大基本规则约定，那么显然（5）"只能"是最短的浪。

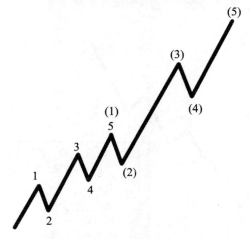

图2－17　推动浪的（1）浪的扩展形成9浪段的示意图

如果（1）浪发生了扩展，而（1）浪扩展出来的第1浪再次发生扩展，情况会是如图2－18所示：

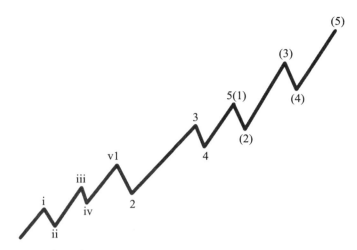

图 2 - 18　推动浪的（1）浪的 1 浪发生 2 次扩展形成 13 浪段的示意图

那么就是 5 + 4 + 4 = 13 个子波浪段。这就是第 1 浪扩展出的子 1 浪再次发生扩展，属于二重扩展型推动浪。

下面我们看 5 浪发生扩展的情况：

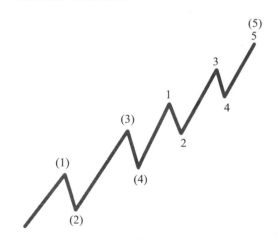

图 2 - 19　推动浪的（5）浪的扩展形成 9 浪段的示意图

如图 2 - 19，当（5）浪发生了扩展，它自身由 1、2、3、4、5，5 个子浪组成，而其他浪是常规的（1）、（2）、（3）、（4）也一共是 4 + 5 = 9 个波浪段。如果（5）浪发生了扩展，那么（1）、（3）浪就不能发生扩展，因为三大基本规则约定，那么显然（1）"只能"是那个最短的浪。

如果（5）浪发生了扩展，而（5）浪扩展出来的第 5 浪再次发生扩展，情况会是如下：

如图 2 - 20 所示，那么就是 4 + 4 + 5 = 13 个子波浪段。这就是第 5 浪扩展出的子 5 浪再次发生扩展，属于二重扩展型推动浪。

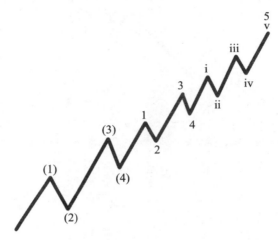

图 2 - 20　推动浪的（5）浪的 5 浪发生 2 次扩展形成 13 浪段的示意图

当 1 浪发生扩展，扩展出来的子 1 浪再发生扩展，这样的波动，让人感觉好像 1 浪没完没了，持续不断地推动。

当 5 浪发生扩展，扩展出来的子 5 浪再发生扩展，这样的波段，让人感觉好像 5 浪没完没了，持续不断地向前推动。

对于扩展型推动浪与多重扩展型推动浪的理解非常重要，因此有时候不能过早地去研判一个 5 浪是否已经走完，而且往往由于第 5 浪的扩展，会容易产生误判，过早地认定波浪已经走完而弄巧成拙。

2.6　推动浪模式的案例与练习

1. 案例 1：推动浪动力浪实例练习。

调取雅虎公司股价，2014 年 10 月至 2016 年 3 月，周线图形。这是一个标准的 5 浪推动下跌的动力浪图形，1 浪等于 5 浪幅度，3 浪等于 1.618 倍的 1 浪幅度（如图 2 - 21）。

图 2－21　推动浪的动力浪案例图——yahoo 股价 2014 年 10 至 2016 年 3 月

2. 案例 2：推动浪扩展浪实例练习。

调取美元指数，2001 年的 7 月 6 日至 2008 年 3 月 21 日，周线图形（如图 2－22）。

图 2－22　推动浪的动力浪（3）浪发生 2 次扩展案例图——美元指数 2001 年 7 月至 2008 年 3 月

这是一个（3）浪的第3浪子浪的2重扩展的案例。

3. 案例3：Diagonal 推动浪实例练习。

（1）Leading Diagonal 浪。

欧元/美元货币对，2006 年的 1 ~ 7 月，日线图形（如图 2 - 23）。

它的启动是一个分叉扩散型的 Leading Diagonal，注意观察 Diagonal 的内在结构特征，对照书中的特征描述与规则概括。

图 2 - 23 推动浪的分叉扩散型的 Leading Diagonal 案例图——欧元 2006 年 1 ~ 7 月

（2）Ending Diagonal 浪。

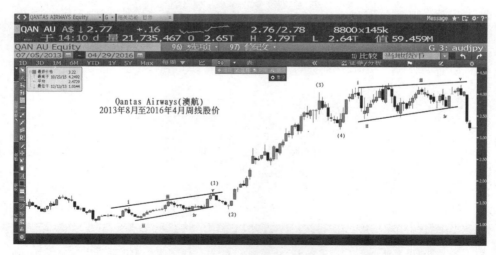

图 2 - 24 Diagonal 浪的案例图 Qantas Airways（澳航）2013 年 8 月至 2016 年 4 月周线股价

调取 Qantas Airways（澳航）2013 年 8 月至 2016 年 4 月周线股价（如图 2−24）。它自 2013 年末启动上涨是一个 Leading Diagonal 浪的结构，到 2016 年 4 月结尾的第 5 浪是一个 Ending Diagonal 浪的结构，注意观察 Ending Diagonal 的内在结构特征（3−3−3−3−3），对照书中的特征描述与规则概括。留意 Ending Diagonal 的收敛趋势通道内的特征，以及反转信号。

2.7　推动浪形态的规则与指导原则

推动浪形态的规则总结：

1. 推动浪的 1 浪、3 浪、5 浪总是能够细化为 5 个子浪的形态。

2. 推动浪的 1 浪必须是动力浪或至少是 Leading Diagonal 浪的形态。

3. 推动浪的 2 浪绝不能回撤超过 1 浪的起始点即 Point 0。

4. 推动浪的 3 浪绝不能是最短的推动片段，即 3 浪不能同时短于 1 浪和 5 浪。

5. 推动浪的 3 浪必须是动力浪形态。

6. 推动浪中的动力浪的 4 浪不能进入 1 浪的范围。

7. 推动浪的 5 浪必须是动力浪形态或 Ending Diagonal 浪形态。

8. 推动浪的 1 浪、3 浪、5 浪，如果发生推动浪的扩展，那么扩展只能存在某 1 个推动位，不能同时发生扩展。

推动浪形态的指导方针：

1. 有时候 5 浪没能够溢出 3 浪的顶点，这样的情况称为浪的截断。

2. 将 2 浪与 4 浪终点连线，然后再在 3 浪的终点作"2−4"连线的平行线，延续该平行线，5 浪通常会在该延续上结束或略微超出该延续线位置处结束。（我们把 2−4 延续与 3 浪的平行线称为艾略特通道，在判断趋势反转和浪的终结部分，第四章再详细阐述）

3. 当 1 浪、3 浪、5 浪发生扩展时，那么发生扩展的该推动浪对应的紧跟着的修正浪，通常尺寸都会比较小。较小的概念相对扩展部位而言，要么是回撤的幅度较小，要么是回撤的时间较短。

4. 3 浪几乎总是那个最长的、最强的、最陡峭，最有可能发生扩展的推动浪。

5. 通常情况下，如果在 3 浪推动段并没有发生扩展，那么第 5 浪发生扩展的概率会比较大。

6. 当 3 浪结束后 4 浪的回撤通常会淹没 3 浪子 5 浪的第 5 浪的"涨幅"或"跌幅"，也就是 4 浪回撤往往会再次回到 3 – iv 的位置。

7. 斐波那契的比值关系经常会被用来计算或预测 2 浪和 4 浪的回撤位置。

8. 斐波那契的比值关系经常会被用来计算或预测 3 浪和 5 浪的预期目标价位。

2.8 Diagonal 浪形态的规则与指导原则

Diagonal 浪形态的规则总结：

1. Diagonal 浪内部总能细化为 5 个子浪的形态。

2. Leading Diagonal 浪发生在一个波浪的起点，第 1 浪的位置或者 A 浪的位置。

3. Ending Diagonal 浪内部的 5 个子浪，每个子浪就是一个"脚"，每个"脚"都由 3 个浪段组合而成。

4. Ending Diagonal 浪发生在一个波浪的终点，第 5 浪的位置或者 C 浪的位置。

5. Diagonal 浪内部的第 2 浪绝不能回撤超过第 1 浪的起始点位。

6. Diagonal 浪内部的第 3 浪必须溢出超过第 1 浪的终止点位。

7. Diagonal 浪内部的第 4 浪回撤必须触及第 1 浪的顶点，并进入 1 浪的范围。

8. Leading Diagonal 浪内部的第 5 浪必须溢出超过第 3 浪的终止点位。

9. 在一个收敛型的 Diagonal 浪，即运行在收敛的趋势线内或收敛通道内的 Diagonal 浪，在它内部的 1 浪、3 浪、5 浪依次连续的或成比例的递减，同时 2 浪、4 浪同样的依次递减。

10. 在一个扩散型的 Diagonal 浪，即运行在分叉的趋势线内或扩散通道内的 Diagonal 浪，在它内部的 1 浪、3 浪、5 浪依次连续的或成比例的递增，同时 2 浪、4 浪同样的依次递增。

Diagonal 浪形态的指导方针：

1. Leading Diagonal 浪内部通常被划分为 5 - 3 - 5 - 3 - 5 的结构特征，极少情况下被当作 3 - 3 - 3 - 3 - 3 来划分。

2. 如果第 1 浪出现了 Leading Diagonal 浪的形态，那么 3 浪通常会出现扩展推动形态。

3. 如果第 5 浪出现了 Ending Diagonal 浪的形态，那么 3 浪通常会出现扩展推动形态。

4. 在一个收敛型的 Diagonal 浪形态中，它内部的第 5 浪可以允许出现截断 5 浪的形态。

5. 在一个收敛型的 Diagonal 浪形态，它内部的第 5 浪通常会在 1 浪尾端与 3 浪尾端连线的延长趋势线上结束，或者会突破"1 浪 - 3 浪"连线的延长趋势线，然后再结束第 5 浪的位置，我们把后者这种情况称为"抛过型" Diagonal（Throw Over）浪（如图 2 - 25）。

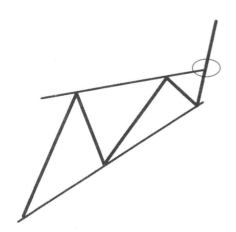

图 2 - 25　抛过型 Diagonal 浪

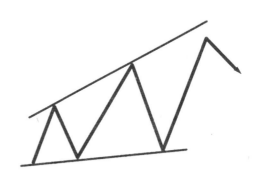

图 2 - 26　扩散（分叉）型 Diagonal 浪的第 5 子浪在趋势线延线之前位置结束

6. 在一个扩散型的 Diagonal 浪形态，它内部的第 5 浪通常会在 1 浪尾端与 3 浪尾端连线的延长趋势线上结束，或者等不到"1 浪 - 3 浪"连线的延长趋势线，就结束第 5 浪（如图 2 - 26）。

第三章　推动浪模式(二)

3.1　数学在波浪理论中的应用

数学在波浪理论上的应用，概括起来可以分为三个方面：分析波浪的形态；分析波浪段的比值关系；分析波浪段的时间及翻转。

3.1.1　通过数学的应用来判定波浪的形态

很多时候，大家都会有或多或少的数浪的经验或经历，实际上，数浪或者针对某一段波浪的计数，根本的目的是希望通过对波浪计数的方式来获得更多关于波浪形态上的信息，从而指导交易和操作。

从前面第一章、第二章我们了解到斐波那契数列在波浪的计数中的应用，1浪和2浪，它们分别对应斐波那契数列的1，1的关系。按照分形细化的原则看，如图3-1所示：（1）浪由1、2、3、4、5这5个子浪组成，而（2）

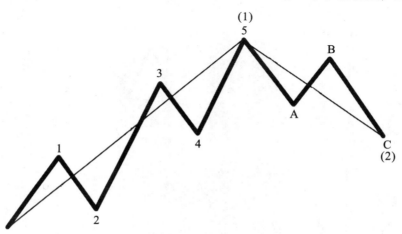

图3-1　数学在波浪理论中的应用——8个基本浪与斐波那契数列

浪由 A、B、C，3 个子浪组成。那么对应的是 1、2、3、4、5、A、B、C，等于 8 个浪，即斐波那契数列的"3 + 5 = 8"。通过对基本形态的判定，我们可以再进一步细化到我们需要的波段，或倒推确认上一级时间框架的形态。

可以进一步把 8 个浪切割成它们的子浪，去寻找它们的子浪，由 21 个子浪和 13 个子浪组合而成，即 13 + 21 = 34，34 个子浪（如图 3 - 2）；再分割下去，更多更小时间框架下的子浪 55 + 89 = 144，同理，233 + 377 = 610……

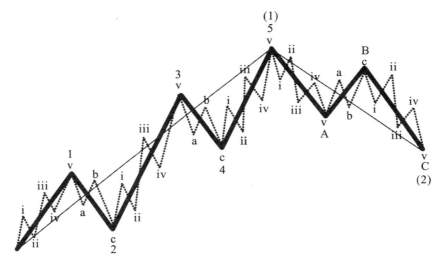

图 3 - 2 数学在波浪理论中的应用——34 个波浪与斐波那契数字

通过数学的应用来判定波浪的形态在波浪理论里很常见也非常重要，应用很广泛，我们可以从较大的时间框架去判断或猜测较小的时间框架，也可以通过较小的时间框架倒推来确认较大的时间框架。基本原则就是上述的斐波那契数列在波浪基础框架的连接关系，或者说不同框架下符合斐波那契数列的关系。当然这部分内容还可以继续深入发展，这里只是提出了数学与形态的关系。

3.1.2 通过数学的应用分析波段的比值关系

斐波那契数列内部相互之间的比值关系，在波浪理论中的应用广泛，尤其是应用在波段的比例关系上。在不同环境下，波段比值不尽相同，斐波那契数列的比值关系经常会被用来衡量或"决策"波段的运动是否已经结束。

在 1.5.3 "黄金分割定律"这一部分内容，我们提到过斐波那契数列相互之间的比值，重要和常用的比值有：

1. 斐波那契数列相邻的数字的比值：0.618 和他的倒数 1.618；

2. 相邻间隔一个数字之间的比值：0.382 和他的倒数 2.618；

3. 相邻间隔两个数字之间的比值：0.236 和 4.238；

4. 以及 $\sqrt{0.618}$ 和 $\sqrt{1.618}$ 这组比值：0.786 和 1.272。

我们得到两组比值，一组是小于 1 的比值，小数比大数，前值除以后值，有：0.236、0.382、0.618、0.786 等，我们称为斐波那契正比值关系。另一组是大于 1 的比值，大数比小数，后值除以前值，有 1.272、1.618、2.618、4.238 等，我们称为斐波那契逆比值关系。

以上数值都是需要我们记忆的常见比值关系，不过由于斐波那契数列的比值关系并不是固定值，而是无限趋近理论值的变量，尤其是开始的数字是 0、1、1、2、3，所以有些比值譬如 0.5、0.33、0.67、1、1.5、2 等，也在"难得的"情况下会遇到。而"0，1"的关系，是从无到有的变化，则被理解为第一只"黑天鹅"的意外。

这些常用的比例关系通常被用来衡量或让我们"下决心"去判定波段的调整是否已经到位，而这样的衡量或判定在推动浪和修正浪都存在。

就像我们在第一章开篇详细描述的那样，价格的波动及趋势是交易者的交易情绪和大众交易心理的合力决定的。市场不断回应着、跟随着人类社会的规律在运作，那么这些通过自然数列得出的"神圣"比值关系与自发的"游戏规则"对波段的判断是有建设性作用的。

尤其是扩展型的推动浪，譬如当价格创出历史新高的时候，斐波那契数列比值几乎是唯一的判定依据。所以"常用比值"在波浪理论的应用中显得十分重要。

当我们学习了斐波那契数列和斐波那契数列的比值关系后，我们就理解了推动浪的趋势性运动与修正浪的回撤之间存在着一定的比例关联。

典型情况下，从 1 浪的起始位即 Point 0 到 4 浪的末尾，通常这一段比例是整个 5 浪高度的 61.8%，而第 5 浪则占余下的 38.2%（如图 3－3）。

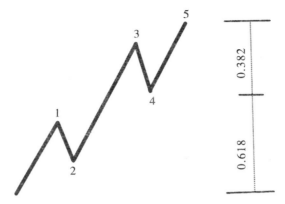

图 3－3　数学在波浪理论中的应用——典型的起始位到 4 浪尾幅度占比 61.8%

典型情况下，从一个 5 浪推动上涨，紧跟着一个 3 浪 A、B、C 的修正下跌，那么 C 浪的尾端回撤了整个 5 浪上涨的 61.8%。即相当（2）浪下跌回撤了（1）浪的 61.8%，余下了 38.2% 的涨幅（如图 3－4）。

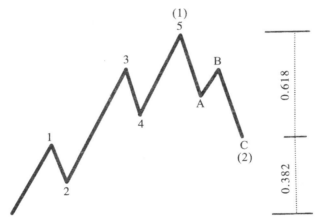

图 3－4　数学在波浪理论中的应用——典型的 ABC 回撤涨幅的 61.8% 相当于（2）浪回踩 61.8%

当然（1）浪上涨，（2）浪下跌，即 5 浪推动上涨，3 浪修正下跌，还有其他的比值可能性，常见的有 38.2%、50% 和 61.8%，因此经常会用到常用的斐波那契数列比值关系来预测或猜测修正回撤的终点和推动扩展的终点。

1. 用斐波那契数列的正比值关系来预测或猜测修正回撤的终点。

（1）2 浪回撤 1 浪涨幅的 38.2%：

如图 3-5，这意味着，我们可以在波段回撤的时候，先于波浪运动前，猜测 2 浪的终点会否在 1 浪涨幅的 38.2% 位置。

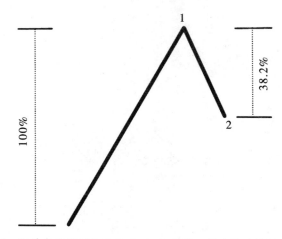

图 3-5　数学在波浪理论中的应用——2 浪回撤 1 浪涨幅的 38.2%

（2）2 浪回撤 1 浪涨幅的 50%：

如图 3-6，我们可以在波段回撤的时候，先于波浪运动前，猜测 2 浪的终点会否在 1 浪涨幅的 50% 位置。

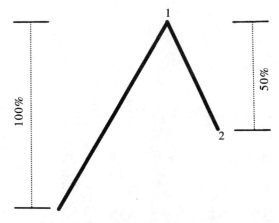

图 3-6　数学在波浪理论中的应用——2 浪回撤 1 浪涨幅的 50%

（3）2浪回撤1浪涨幅的61.8%：

如图3-7所示，我们可以在波段回撤的时候，先于波浪运动前，猜测2浪的终点会否在1浪涨幅的61.8%位置。这三个斐波那契数列比值在2浪回撤的时候非常常见，另外2浪回撤比值在76.4%，在外汇交易市场和商品市场同样存在但不常见。在波浪修正回撤的时候，我们使用斐波那契正比值关系对波浪的运动及其终结位置进行预测量。

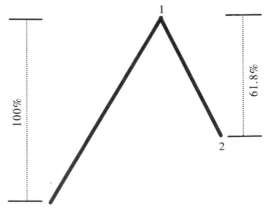

图3-7 数学在波浪理论中的应用——2浪回撤1浪涨幅的61.8%

2. 用斐波那契数列的逆比值关系来预测或猜测推动扩展的终点。

在推动扩展的时候，我们使用斐波那契逆比值关系来进行对波浪的运动及其终结位置的预测。当一个新诞生的动力浪出现的时候，我们可以应用逆比值关系，通过第1浪的涨幅的比值来衡量3浪预期结束的位置，或在3浪出现动作和完成运动前猜测其终点的位置，这样的斐波那契逆比值有100%、161.8%、261.8%、423.6%等。比如，3浪涨幅是1浪涨幅的100%（如图3-8），或者3浪涨幅是1浪涨幅的161.8%（如图3-9）。

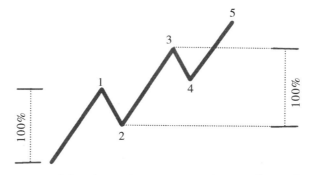

图3-8 数学在波浪理论中的应用——3浪的涨幅等于1浪幅度

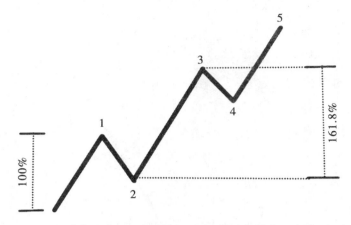

图 3 – 9　数学在波浪理论中的应用——3 浪的涨幅是 1 浪的 161.8%

3 浪是 1 浪的 1.618 倍，这种情况是最常见的逆比值关系。或者，3 浪涨幅是 1 浪涨幅的 2.618 倍。

3 浪是 1 浪的 2.618 倍，这种情况是次常见比值关系，如图 3 – 10 所示。或者，3 浪涨幅是 1 浪涨幅的 423.6%。

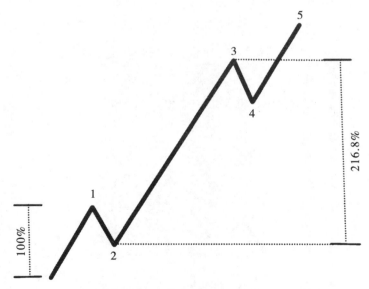

图 3 – 10　数学在波浪理论中的应用——3 浪的涨幅是 1 浪的 261.8%

3 浪是 1 浪的 4.236 倍，这种情况也有机会遇到（如图 3 – 11）。

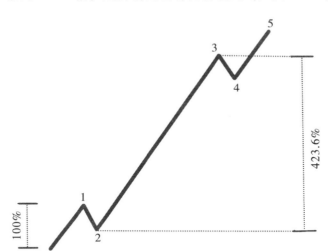

图 3 – 11 数学在波浪理论中的应用——3 浪的涨幅是 1 浪的 423.6%

3.1.3 通过数学的应用来分析波段的时间及其翻转

斐波那契数列的数学应用，同样存在于波浪理论的时间目标上面，斐波那契数列与时间上的关联是存在的，并提供了有效的时间窗口期，如图 3 – 12。而这样的窗口期同时决定了波浪的运动。虽然这样的时间窗口期的预测工作非常困难，但是这样的关联仍然是可能被监测到的。

从《道氏理论》1973 年发表的报告看出，以道琼斯工业指数为例，1907 的恐慌性大底到 1962 年恐慌性底部的时间刚好是 55 年。而自 1949 年的主要底部到 1962 年恐慌性底部的时间是 13 年，另外在 1921 年的底部到 1942 年大萧条的底部周期是 21 年，所有的时间周期巧合的都是斐波那契数列的数字。

为了进一步预测或测算时间窗口和时间目标，通过计数并记录重要的和有象征性的顶部和底部的时间，并尽量将存在的时间按斐波那契数列作为单位，并跟踪记录这样的时间如 1、1、5、8、13、21，那么未来出现的重要的顶部和底部，同样会按照这样的数字的排列组合比如 5、13、21、34、55 等。

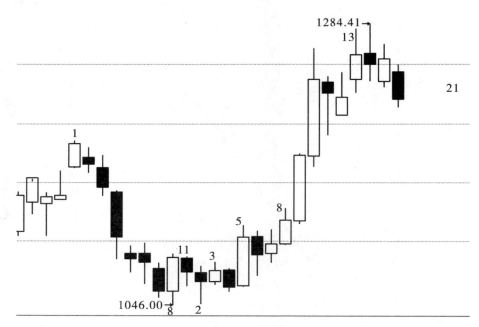

图 3－12　数学在波浪理论中的应用——分析波段的时间

或者通过记录来寻找重要的周期律（关键部位的顶部与底部作为一个周期），通过比值关系来猜测下一个重要的顶部或关键底部的时间。

比值率	一个周期的时间（可以是日、小时、4 小时等）			
X	25 天	30 小时	记录 1	记录 2
1	25 天	30 小时		
1.272	32 天	38 小时		
1.618	40 天	49 小时		
2.618	65 天	79 小时		
4.236	106 天	127 小时		

比如第一个周期记录到的是 30 小时线，如上表，那么下一个周期可能是或接近是 30、38、49、79、127 小时。这个应用就是需要记录一个重要的周期，然后使用斐波那契数列比值关系乘以第一周期，去猜测或预测下一个周期的时间窗口，通过窗口周期得到重要的顶部或底部的时间。

以上 3 部分内容，我们了解了数学应用在波浪的形态、波段的比值关联以及时间窗口的记录，结合这三项数学应用，让我们初步看到了波浪理论在实际盘面的定位功能。

3.2 预测与目标

上面我们理解了数学比值关系在波浪理论上的应用和分析原理，在这里我们将应用比值关联来计算推动浪的预期值和目标（图 3 - 13）。

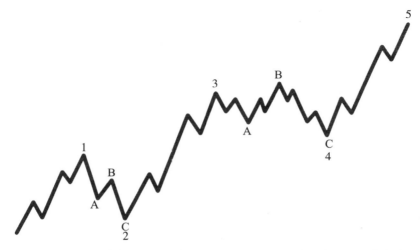

图 3 - 13 数学在波浪理论中的应用——利用比值关联介绍比例关系

对于 1 浪我们没有去谈太多，因为它本身就是一个标杆，而 2 浪的回撤，在上一节中我们应用了斐波那契的正比值关系进行了计算。

3.2.1 3 浪与 1 浪的关系

3 浪与 1 浪的幅度比例存在着倍数关系。

3 浪的预期目标是：

1. 1 倍的 1 浪，3 浪与 1 浪等长或略多一些；

2. 1.618 倍的 1 浪；

3. 2.618 倍的 1 浪；

4. 4.236 倍的 1 浪。

我们如何把握它是主升 3 浪，通常的经验是它本身的斜率，一种叠加感的潜行，并一定会溢出原本 1 浪的峰值。同时，对于 3 浪而言，达到 1.618 倍的 1 浪的情况是比较常见的。

如果当 3 浪到达了 1.618 倍的 1 浪后，并没有转头，而是继续向前潜行，那么我们就此认为 3 浪已经在进行扩展了，如果 3 浪发生了扩展，那么它的预期目标就将是 1 浪的 2.618 倍，如果 3 浪再超过了 2.618，那么预期目标将是 1 浪的 4.236 倍。

2.618 倍与 4.236 倍意味着 3 浪发生了扩展，同时推断可知第 5 浪不可能再发生扩展。在 3 浪非常强的时候，通常会看到 3 浪子 iii 浪，发生了 2 重扩展才会达到这样高的比值关系，就像隔了 2 个位的斐波那契数列的比值那样。

3.2.2　5 浪与 1 浪的关系

5 浪与 1 浪的幅度比例同样存在倍数关系，5 浪与 1 浪的比值关系，取决于 3 浪是否已经发生扩展，若 3 浪已经扩展，这就意味着 5 浪不可能再发生扩展，否则 5 浪若扩展，那么比值关系就完全不同了。

5 浪的预期目标（若 3 浪已经扩展）是：

1. 1 倍的 1 浪，5 浪与 1 浪等长；

2. 0.618 倍的 1 浪；

3. 1.618 倍的 1 浪；

4. 0.618 倍的"1 浪的起点（Point 0）到 3 浪的终点（峰值）"之间的差值。

另外，若 5 浪是扩展浪（即 3 浪未发生扩展，5 浪是最长的浪），则 5 浪的预期目标（5 浪发生扩展）是：

1. 1 倍的"1 浪的起点（Point 0）到 3 浪的终点（峰值）"之间的差值，如图 3 - 14A 所示；

2. 1.618 倍的"1 浪的起点（Point 0）到 3 浪的终点（峰值）"之间的差值；

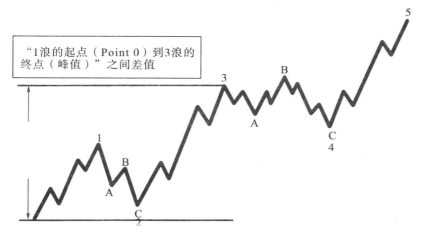

图 3-14A　数学在波浪理论中的应用——1 浪到 3 浪之间的差值与 5 浪的比值关系

　　扩展对推动浪而言是非常重要的，他能够决定推动浪预期目标的变化，当我们做交易的时候，一定要注意比值关系与这样的预测目标。将这些比值应用在支撑与阻力位上，如果一个预测目标被突破了，那么预测目标顺延移至下一档位。

　　3.2.3　当扩展发生在 1 浪时候的比例关系

　　如果扩展发生在第 1 浪，没有发生在第 3 浪，也没有发生在第 5 浪，也就是 1 浪将是整个 5 浪最长的浪段，那么我们只能说 3 浪只要不最短，5 浪结构不违背基本规则即可。

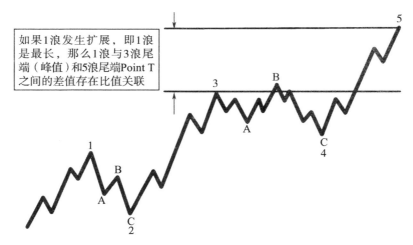

图 3-14B　数学在波浪理论中的应用——1 浪与 3 浪尾端到 5 浪尾端之间的差值存在比值关系

当 1 浪发生扩展的时候也存在常见的比值关系。

如图 3－14B，第 1 浪的常见幅度（1 浪发生扩展）是：

1.618 倍的"第 3 浪终点（峰值）到第 5 浪的终点（Point T）"之间的差值。当然 1 浪已经是既定事实，这样的情况就失去了预测与预期的作用，我们只能事后去测量。

3.3 常用的回撤与扩展的比例关系

最后我们再次总结下回撤与扩展的常见比例关系，波段修正回撤的常用预测比值有：0.236，0.382，0.5，0.618，0.764，0.786。

波段推动扩展的常用预测比值有：1，1.236，1.272，1.618，2.618，4.236。

当我们在图表上应用黄金分割线或斐波那契回撤与扩展工具时，我们就能经常看到这些比值。在波浪理论实际应用和实际盘面计算的时候，也应该留意以上这些比值，它们都可能是一些重要的翻转或终止的目标位置。

第四章　推动浪模式（三）

人们常说"拥有优势"不如"把握趋势"，说明趋势的重要性。趋势代表着成长性，代表了事物发展的新生动力和内在的推动因素，而优势是代表过去的趋势，如果得不到进一步的成长，一旦失去，优势反而会成为妨碍趋势判断的包袱。

我们研究"过去"的目的，并不是为了宣传和关注已经过往的趋势，而是学习过去这些趋势中间的变化和它们的养成。与此同时，我们更应该专注当下的形势，为未来可能的趋势做好充足的计划和安排。

趋势有两个变量，一个叫"方向"（Direction），一个叫"时机"（Timing）。在实际的市场操作中，我们常说"方向"和"时机"是把握趋势的根本，所以在市场操作中的关键就在于如何应用已知的变量工具去判断上一个趋势何时何地结束以及下一个趋势何时何地开始。本章内容，我们主要学习如何研判一个完整 5 浪的结尾。判断 5 浪的结尾，就能让我们得到上一个趋势的结束和推断下一个趋势的开始了。让我们用"现有的价格"和"正在进行时的价格变化"来替未来趋势的改变做一个"计划"吧。

4.1　判断推动浪浪势结束的方法综述

判断 5 浪的结尾，就是判断一个趋势的结束和翻转的开始，在艾略特波浪理论里，判断 5 浪是否结束的方法大致有以下 6 种，各种方法可以相互结合使用。

判断 5 浪结束的 6 种方法：

1. 通过艾略特通道，将第 5 浪作为"目标靶"来进行测量。

2. 应用斐波那契比值关联来"计划"预期值与目标，并深入应用到 5 浪内部的子5浪，推测推动浪的结尾判断浪势翻转。

3. 通过3浪和5浪在动量和价格上存在的背离，并且在动量发展的方向上发生了改变，判断浪势翻转。（3浪不背离、5浪背离）

4. 通过特定的图表翻转形态判断浪势翻转：

上升或下将楔形（Ending Diagonal 浪）；头肩顶或底形态；双重或三重顶底；击破趋势线或颈线；1－2－3翻转形态。

这些形态都是经典书籍的图表翻转形态，它们在波浪理论中也均有相应的结构对照。

5. 通过8、13、21、34 EMA 均线系统在波浪理论中的应用判断浪势翻转。

6. 通过蜡烛线的翻转图形判断浪势翻转。

下面，我们就分别详细解读一下这6个方法。

4.2 通过艾略特通道技术，判断浪势的结束

对波浪结构判断而言，通道技术是非常实用的工具。当艾略特发现波浪理论的时候，就已经意识到一段5浪的趋势运动通常都维持在一组平行线内，或一个通道内。而这个通道就用来观察这个趋势是否已经达成，并留意翻转的其他信号。也经常有朋友们去留意趋势运动是否离开某个通道，而做出时机或位置上类似的判断。

4.2.1 应用艾略特通道技术的步骤

1. 第一步：作2浪（尾端）和4浪（尾端）的连线，即将2、4连线（如图4－1）。

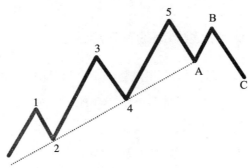

图4－1 艾略特通道技术——作2浪和4浪连线

2. 第二步：从3浪的峰值（尾端）作2-4的平行线，通过平行延长线来"展现"5浪可能结束的位置（如图4-2）。

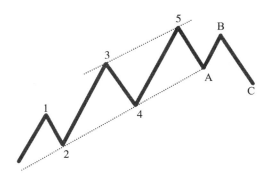

图4-2　艾略特通道技术——自3浪作2-4平行线，通过平行延长线来预测5浪位置

3. 第三步：尤其是明确了3浪已经扩展时，从1浪的峰值（尾端）作2-4的平行线，这样就形成了上下2个平行通道，通过这2个价格区域来"部署"或"瞄准"5浪的目标位（如图4-3）。

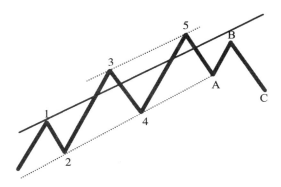

图4-3　艾略特通道技术——自1浪作2-4平行线，形成2个价格区域来"部署"5浪的预期目标

通常情况下5浪会运动到"1"平行延长线与"3"平行延长线之间的某个位置，或略高、略低于"3"平行延长线，但是如果3浪明确了扩展，那么它可能会落在"1"延长线与"2-4"通道内。

4.2.2　没有已知4浪情况下的绘制

对于艾略特通道技术，还有一种典型的情况，比如当我们绘制通道前，只有3个已知的参考波段，那么就假设盘面已经完成了1浪、2浪和3浪，目前运行在 4 浪过程中或未知的某一部分。在没有已知 4 浪的情况下，绘制艾略特通道的方法：

1. 第一步：连线 1 浪和 3 浪的尾端（峰值）（如图 4-4）。

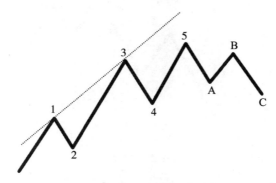

图 4-4　艾略特通道技术——未知 4 浪情况下的艾略特通道，连接 1-3 顶部

2. 第二步：自 2 浪的尾端（底部）作"1-3"连线的平行线（注意此时并不存在 4 浪），如图 4-5，作这条 2 浪底部衍生出来的平行线的目的，是为了使得将来盘面 4 浪的位置能够更加"突出"，4 浪的位置更容易被"展现"出来。同时，该通道也提供了 4 浪的初步边界。

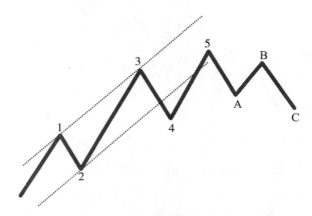

图 4-5　艾略特通道技术——未知 4 浪情况下的艾略特通道，自 2 浪尾端作 1-3 平行线，提供了 4 浪的初步边界

盘面继续运行在 4 浪，当然如果 4 浪进入了 1 浪，那么这个形态就改变了，这里我们主要讨论的依然还是动力浪的艾略特通道技术。

3. 第三步：在这种情况下，之后发生的事情是 4 浪开始回撤，它可能会跑出 2 浪与 1 - 3 连线的平行通道，即击穿了第二步绘制的"4 浪的初步边界"。（如果 4 浪并没有跑出"初步边界"，按第一类处理）

4. 第四步：等待，直到 4 浪运行结束，当 4 浪结束时，重新绘制连线，连接 2 浪尾端（底部）与 4 浪尾端（底部）（如图 4 - 6）。

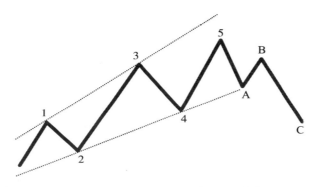

图 4 - 6　艾略特通道技术——未知 4 浪情况下的艾略特通道，等待 4 浪结束，重绘 2 - 4 连线

5. 第五步：分别从 1 浪的尾端（峰值）和 3 浪的尾端（峰值）作 2 - 4 连线的平行线，通过这一组平行延长线来"展现"5 浪可能的位置（如图4 - 7）。

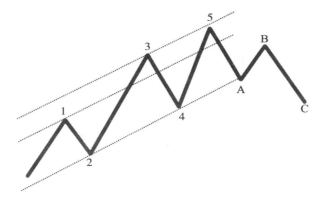

图 4 - 7　艾略特通道技术——分别从 1、3 峰值出发作 2 - 4 的平行线

6. 第六步：作 1、3 与 2 - 4 连线的平行通道的中间趋势线。那么趋势终点就会落在该趋势线附近（如图 4 - 8）。

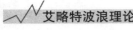艾略特波浪理论——混沌中不断重复的混沌

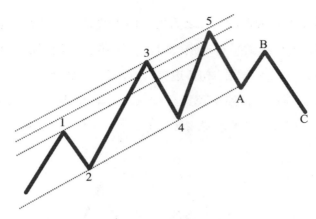

图4-8　艾略特通道技术——作1、3平行通道的中间趋势线，5浪落在该趋势线附近终结

上述的这种情况是比较典型的艾略特通道技术的应用，通过通道我们可以更好地突出展现 Point T 的最终区域位置。当然就像第一类的描述那样，还要结合3浪的实际扩展与否等具体情况而定，也有结合其他方法并行观察的需要。

同样，为了更精确地"凸显"浪势的翻转，我们还可以把以上的通道技术进一步应用在第5浪的内部结构中，即5浪的子5浪上面，从而收缩了对目标靶位区域的定位。就这样，通过层层套用通道技术来让最后的目标不断地逼近5浪的终点，然后完成浪势翻转。

4.2.3　艾略特通道技术的案例与练习

调取欧元/美元货币对日线，时间跨度取2005年1月至11月（如图4-9）。

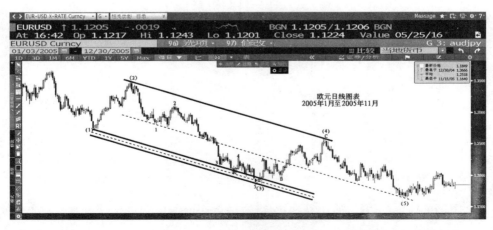

图4-9　艾略特通道技术案例——欧元日线2005年1月份至11月份（主浪通道）

典型的 3 浪扩展，5 浪落在第一类型 1 浪与 2 - 4 连线的平行通道内（通道占大通道内的 61.8%）。

5 浪的子浪艾略特通道分析，子 5 浪落在子 3 浪与子浪的 2 - 4 连线的平行通道延线（如图 4 - 10）。

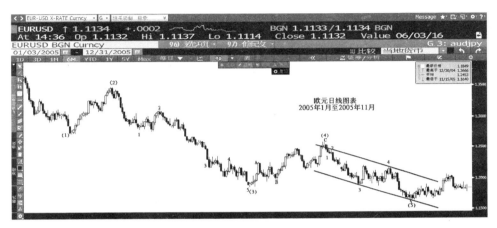

图 4 - 10　艾略特通道技术案例——欧元日线 2005 年 1 月份至 11 月份（子浪通道）

4.3　应用斐波那契比值关联"凸显"预期值与目标，并深入应用到第 5 浪内部的子 5 浪，推测推动浪的结尾

通过斐波那契比值关联来"瞄准"最后的 5 浪，与上一节内容通过"艾略特通道技术"来"部署"的原理是一样的。首先我们以整个 5 浪作为测定目标，然后我们再以第 5 浪内部的子 5 浪作为测定的目标，通过 5 浪的内部细节来"凸显"整体动力浪的尾端，用这样的方式来收窄锁定的目标与最后"落实"的差距。

我们如何来操作呢，这部分内容在上一章中有过描述。当一个完整的走势开始进入最后 5 浪的时候，我们就开始"部署"计划它的最终位置，这样做的目的是为了"凸显"我们需要的未来目标，并对可能的未来加以准备。

4.3.1　通过斐波那契比值关联来"凸出"5 浪的预期目标价位

如图 4 - 11，在动力浪形态，5 浪与 1 浪的幅度比例存在倍数关系，如果 3 浪已知扩展，那么 5 浪的预期目标是：

1. 1 倍的 1 浪，5 浪与 1 浪等长；

2. 0.618 倍的 1 浪；

3. 1.618 倍的 1 浪；

4. 0.618 倍的 "1 浪起点—3 浪终点"。

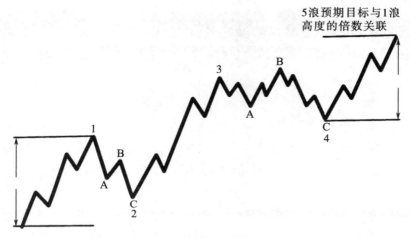

图 4-11　通过斐波那契比值来判定浪势翻转——5 浪与 1 浪幅度关联

如图 4-12，额外的，若 5 浪发生扩展，需要凸显的预期目标有：

1. 1 倍的 "1 浪起点—3 浪终点"；

2. 1.618 倍的 "1 浪起点—3 浪终点"。

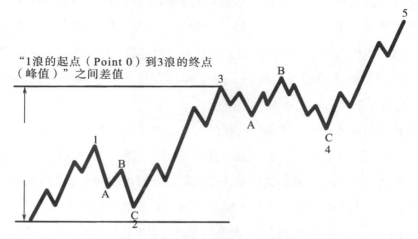

图 4-12　通过斐波那契比值来判定浪势翻转——5 浪的幅度与 1 浪至 3 浪之间的差值的比值关联

那么事前我们知道最后的第 5 浪会落在哪一个被"凸显"的目标预期值附近吗？答案是"我们并不知道"。不过我们可以进一步对第 5 浪内部子 5 浪做同样的工作。

5 浪内部的子 5 浪结构同样是动力浪的话，我们就可以按照刚才的方法，再做一次"凸显"目标预期值的工作，用这样的方式来收窄锁定的目标与最后"落实"之间的距离。

专注于 5 浪的内部结构，并结合之前整体 5 浪计算值凸显的工作，再通过盘面的变化做 5 浪的子 5 浪的预期目标值的部署工作。如图 4 - 13，子 5 浪与子 1 浪的幅度比例存在相同的倍数关系，即便 5 浪是扩展浪，而它的子 3 浪已知扩展，那么子 5 浪的预期目标是：

1. 1 倍的子 1 浪，子 5 浪与子 1 浪等长；

2. 0.618 倍的子 1 浪；

3. 1.618 倍的子 1 浪；

4. 0.618 倍的"子 1 浪起点—子 3 浪终点"。

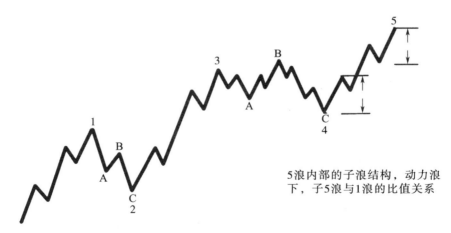

5浪内部的子浪结构，动力浪下，子5浪与1浪的比值关系

图 4 - 13　通过斐波那契比值来判定浪势翻转——第 5 浪内部子浪，子 5 浪与子 1 浪凸显比值关系预期目标值

另外的，若第 5 浪的子 5 浪发生扩展，需要凸显的预期目标有：

1. 1 倍的"1 浪起点—3 浪终点"；

2. 1.618 倍的"1 浪起点—3 浪终点"。

4.3.2　通过斐波那契比值来判定浪势翻转的案例与练习

如图4－14A，调取欧元/美元货币对日线，时间跨度取2005年1月至11月。

图4－14A　通过斐波那契比值来判定浪势翻转案例——欧元日线2005年1月至11月各组比值的凸显

通过实际的案例来理解和应用斐波那契比值关联来"凸显"预期目标值，并深入应用到5浪内部的子5浪，推测推动浪趋势的结束。

首先我们以整个5浪作为测定目标，然后我们以第5浪内部的子5浪作为测定目标，通过5浪的内部细节的凸显来达到整体推动浪趋势终结的目标，用这样的方式来收窄锁定目标值与最后"落实"的差距。

1. 以整个5浪作为测定目标。

（1）（2）浪回撤了（1）浪的80%；

（2）（3）浪按照1.618倍的（1）浪测得1.1967，实际值为1.1868；

（3）（4）浪回撤值介于（3）浪的32.8%与50%之间；

（4）（5）浪等于（1）浪长度，凸显预期目标测量为1.1659，实际值为1.1640。

如图4－14B，同样的调取欧元/美元货币对日线图，时间跨度取2005年8月至12月。

图 4 - 14B　通过斐波那契比值来判定浪势翻转案例——欧元日线 2005 年 8 月至 12 月
5 浪内部的子 5 浪的凸显

2. 以第 5 浪内部的子 5 浪作为测定的目标。

（2 - 4 连线与 3 - 5 连线成为艾略特通道，且为平行通道。）

第 5 浪内部的子 5 浪，确定为动力浪，且并不明确子 5 浪是否为扩展浪。
按照 0.618 倍和 1 倍的"子 1 浪起点—子 3 浪终点"计算：

（1）目标或凸显价位计算值即 $0.618 \times (1.2589 - 1.1904) = 0.0423$；

（2）子 5 浪的可能位置，4 浪的尾端下移计算值即 $1.2173 - 0.0423 = 1.1750$；

（3）目标或凸显价位计算值即 $1 \times (1.2589 - 1.1904) = 0.0685$；

（4）子 5 浪的可能位置是，4 浪的尾端下移计算值即 $1.2173 - 0.0685 = 1.1488$；

（5）最终的实际 5 浪落点为 1.1640，刚好落在 1.1750 与 1.1488 之间的一
半附近，（目标一 + 目标二）/2 = 1.1619。

4.4　通过量价背离，动量发展方向的改变判断浪势的翻转

在第一章我们已经探讨过推动浪的市场特征，通过对第 5 浪与第 3 浪的
市场特征的描述，不难理解第 5 浪与第 3 浪量价背离的真正原因。那么，另
一种判断 5 浪形态结束的方式是通过观察第 3 浪与第 5 浪的量价背离关系来

进行。价格可以直接从盘面得到，动量我们可以采用 Bill Williams（混沌交易创始人）创立的 AO 指标（Awesome Oscillator 动量震荡指标简称 AO）获得判断。

AO 指标是一个动量指标（Momentum），本质上就是 MACD，但是采用了简单移动平均线（SMA）来计算差值，通过 5SMA 与 34SMA 来绘制柱状体，该指标还有描述波段浪级的功能，以后我们还会进一步介绍。除了 AO，我们同样可以使用默认值 12/26/9 的标准 MACD，作为动量指标。

4.4.1　动量指标在波浪理论的应用

1. 第一点：确定和识别 3 浪的顶部（或底部）。因为动量震荡指标指明的是波动的强弱关系，通常 3 浪的顶或底将是那个出现极端频率的位置，所以 3 浪的价格对应的 AO 或 MACD 指标位出现了峰值。

2. 第二点：判定 4 浪的结束，或者当 4 浪完成前，属于它的动量指标的最低要求已经得到了满足。因为通常 3 浪在动量震荡指示上产生了峰值，但当 4 浪回撤时，动量指标会从峰值再次返回 0 轴或 0 轴附近，即动量指标再次归零或满足最低要求，怎么样才能让峰值返回呢，要么就是通过时间较长的修正，逐步达成震荡指示器的回落，要么就是较大力度的回撤，所以在 3 浪结束后获利离场是比较"常见的"。

3. 第三点：当动量震荡指标发生背离时，在波浪理论中预示着一个趋势的结束，即 5 浪的尾声结束了。当出现一个 5 浪的结构时，第 5 浪创出新高或新低，价格已经高于或低于 3 浪价格盘面峰值的位置，但是震荡指示器却迟迟没有像在 3 浪处表现得那样深入，也没有超过 3 浪价格对应的 AO 或 MACD 指标指示的峰值位置。这样的情况，我们就要格外的注意，这个 5 浪或在完成中了，趋势的翻转也即将展开。

4. 第四点：动量"新的发展方向"在趋势上发生了改变。因为 5 浪已经背离，而 3 浪峰值已经存在，自然新的动量震荡指标会逐渐转向另一边。交易并没有我们想象得那么复杂，我们有时候甚至只要简单跟着 AO 来交易就可以了，如果指标高于 0 轴那么就做多，如果指标低于 0 轴那么就做空，当前的动量方向标示出了短线的势头，而动量震荡的趋势预示了新趋势。

4.4.2 动量指标在波浪理论的应用案例与练习

调取英镑/美元货币对日线，时间跨度取 2004 年 12 月至 2005 年 12 月，带 AO 动量指标（如图 4－15）。

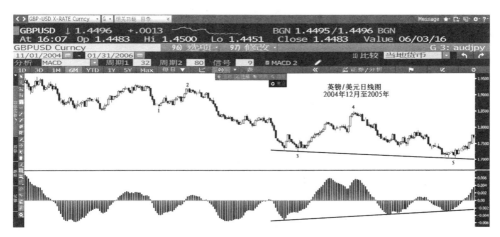

图 4－15 通过量价背离和动量发展方向的改变判断浪势翻转的案例——英镑/美元日线（2004 年 12 月至 2005 年 12 月带 AO 动量指标）

这张图形可以清晰地显示动量与价格的背离关系：

可以看到价格只有一个趋势方向，那就是下跌，1 到 5 浪的下跌，但是 AO 指标在 3 浪峰值后开始出现第二个方向，从 3 浪的最低位的底部向 5 浪的低位的底部走高形成新的趋势，之后动量发展开始往上攀升，这是典型的趋势翻转形态。因此每当我们看到 3 浪的动量与 5 浪动量发生背离以及新的动量发展方向的时候，我们就要引起高度的重视，开始为趋势的翻转做好准备。

4.5 特定的图表翻转形态

波浪理论原理通过提供配置架构和分形传导，不断给市场提供指令，这是市场运动的内生因素。譬如一些特殊的形态结构，这些形态在经典著作里常常被提及，并作为知识点来讲解。要知道这些特殊的结构同样是波浪理论运行的结果。

这些特定的图形结构均可由波浪理论来解释并加以描述，通过对波浪理论的学习来透视这些结构背后的运行原理。

4.5.1　上升（下降）楔形

上升（下降）楔形对应的波浪理论形态是 Ending Diagonal（结尾对角线型）浪（如图 4–16）。

图 4–16　通过特定的图表翻转形态判断浪势翻转——上升（下降）楔形（Ending Diagonal）浪

上升（下降）楔形，有些教材会称之为终极楔形或终极三角形等名词，其实他们是一样的，就是 Ending Diagonal 浪来做最后的第 5 浪，自然 5 浪之后趋势出现翻转。

4.5.2　头肩顶（底）形态

头肩顶（底）对应的波浪理论形态是波浪 3 – 4 – 5 – A – B – C（如图 4 – 17）。

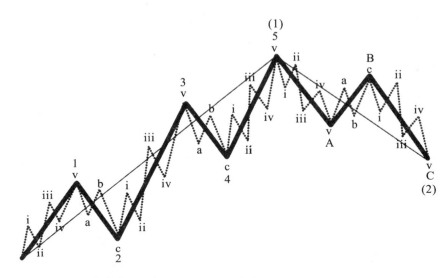

图 4-17 通过特定的图表翻转形态判断浪势翻转——头肩顶（底）形态（3-4-5-A-B-C）

3 浪与 4 浪形成左肩，5 浪形成头部，而紧跟的 A、B、C 修正浪组成了右边部分，所谓的头肩顶（底），即第 3 浪和 B 浪做肩，5 浪做头。如果跌破了颈线，就意味着 C 浪正在进行中，C 浪是由 5 个子浪组成的推动形态，当然 C 浪确立后趋势会延续。

4.5.3 双重顶（底）形态

双重顶（底）对应的波浪理论形态是波浪 1-2（深度回踩）或截断的 5 浪（如图 4-18）。

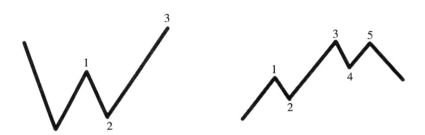

图 4-18 通过特定的图表翻转形态判断浪势翻转——双重顶（底）形态（波浪 1-2 或截断的 5 浪）

双重顶（底）形态，在波浪理论的解释通常是1浪和2浪的深度回撤形成了双重底（顶）关系，也可以由于5浪被截断或5浪幅度仅略高于或等于3浪也会出现双重顶（底）的形态。

4.5.4 三重顶（底）形态

三重顶（底）形态对应的波浪理论形态是波浪的1－2－1－2结构（如图4－19）。

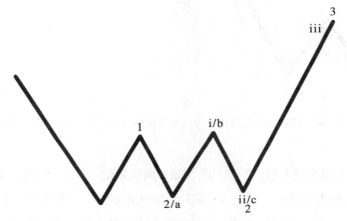

图4-19 通过特定的图表翻转形态判断浪势翻转——三重顶（底）形态（波浪的1－2－1－2结构）

三重顶（底）通常的解释是出现了1－2－1－2，之后的3浪发生，趋势开始明显变化，进而得到了三重顶（底）。当然也存在2浪深度回撤并且做平头或再发生修正扩展的情况。

如果是1－2－1－2的波浪结构，那么3浪是扩展推动型，要么2浪做平头型修正浪，再者2浪修正发生了扩展或复合型的修正。

4.5.5 1－2－3翻转形态

对应的波浪理论形态是波浪的1－2－3结构或A－B－C结构（如图4－20A、图4－20B）。

让我们先来看下"1－2－3"法则的图形，这样就不难对号入座了：

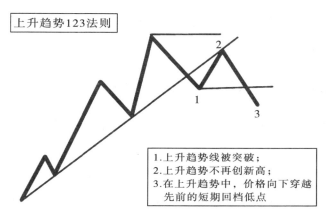

图 4 - 20A　通过特定的图表翻转形态判断浪势翻转——上升趋势的 "1-2-3" 法则

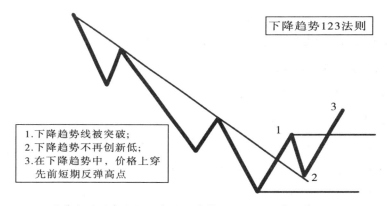

图 4 - 20B　通过特定的图表翻转形态判断浪势翻转——下降趋势的 "1-2-3" 法则

所谓的 "1-2-3" 法则即：

1. 上升趋势线或下降趋势线被突破；

2. 上升趋势或下降趋势不再创新高或新低；

3. 在上升趋势或下降趋势中，价格下穿或上穿先前的短期回档位。

这就是 1-2-3 法则或 123 翻转形态，根据波浪理论实际上的理解是：

第 1 步骤是新趋势方向的 1 浪或者 A 浪；

第 2 步骤回撤不创新高（破新低）做 2 浪或 B 浪；

第 3 步骤突破先前位置是波浪理论的 3 浪或 C 浪。

本节内容总结了这些经典形态在波浪理论中的 "对等" 形态，并使用波浪理论的知识去深入的理解它们，认识到它们是波浪理论中的特殊情景与片段，当然，这些形态都属于特定的图表翻转形态，了解它们，能更好地对浪势的结束进行判断。

4.6　通过 EMA 均线系统判断浪势的翻转

通过对 5 浪推动的学习，我们已经了解到 1 浪、3 浪和 5 浪是推动趋势的方向，而 2 浪、4 浪是阻碍趋势的方向。其中 1 浪是趋势的起点，3 浪强化了趋势，5 浪完成了趋势。把日 K 线切换到 60 分钟线甚至 15 分钟线，这样的看法也是一样的。相同的应用和描述可以是波浪的任意波段，也同样在任何波段的浪级上成立。

在判定浪势的翻转或推动浪的结束方面比较高效的手段是 4.3 节"通过动量发展判断浪势的翻转"，另一个高效的方法是通过斐波那契数列 8、13、21、34 作为参数的 EMA 均线系统。

基于波浪理论的斐波那契数学应用原理，（8、13、21、34）EMA 均线系统有效地描述了波浪理论的基本浪模型和它们的子浪。对于以斐波那契数列作为量基的 EMA 系统同样可以应用在波浪的任意浪段和浪级上。

通过 EMA 均线系统判断浪势的翻转或推动浪的结束是非常高效的手段，同时可结合 4.3 节"通过动量发展判断浪势的翻转"形成"共识"（如图 4 –21）。

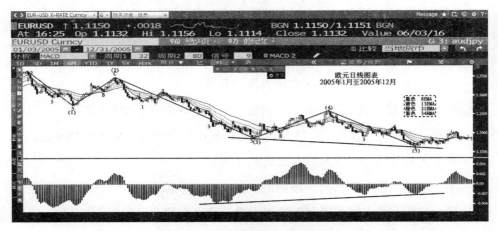

图 4 –21　通过 EMA 均线系统判断浪势的翻转——8EMA、13EMA、21EMA、34EMA 描述整体（5）浪下跌欧元/美元日线（2005 年 1 月至 2005 年 12 月）

如图 4 - 22，8EMA，因为是取值较小的斐波那契数字，取样较少所以经常是贴着 K 线（价格线）运动，也最为敏感，而 34EMA 因为取样较多通常离 K 线（价格线）较远，也更能代表趋势的方向。

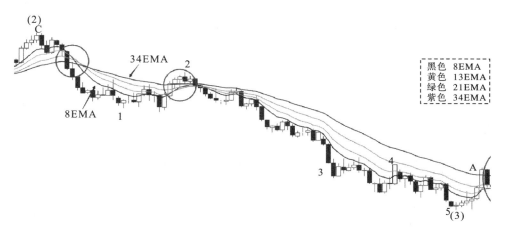

图 4 - 22　通过 EMA 均线系统判断浪势的翻转——8EMA、13EMA、21EMA、34EMA

4.6.1　如何通过 EMA 均线系统判断一个趋势是否结束

1. 当第一根 K 线（蜡烛线即价格线）进入或穿透 8EMA，那么它就是一个警告，警告这个趋势需要暂停。

2. 当 K 线（蜡烛线）触及 21EMA 或 34EMA 时，这个信号表明，某个趋势性的回调，或一波（反向趋势）冲击，一触即发。

3. 当价格盘整，8EMA "拥抱" 了一下 34EMA（即回碰、回踩）但不穿透 34EMA，这说明，同一趋势会继续扩展，并且暗示该趋势并没有结束，而且往往代表扩展将是一个强趋势的延续，它们正处于同一趋势中。

4. 当 8EMA 穿透 34EMA 时代表前一趋势发生了彻底的改变。

5. 当 K 线（蜡烛线）运行到 1 浪、3 浪、5 浪的尾声［即将进入 2、4 及下个级别的（2）浪，那么趋势会改变或暂时性改变］，此时价格会偏向 EMA 均线系统运动，甚至进入一个新的趋势即 8EMA 穿透 34EMA。

4.6.2　通过 EMA 均线系统判断浪势的翻转的案例

1. 案例 1：调取欧元/美元货币对日线图，时间跨度取 2005 年 3 月至 2005 年 8 月，通过 EMA 术语描述了第（3）浪的子 5 浪下跌过程（如图 4 - 23A）。

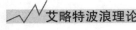

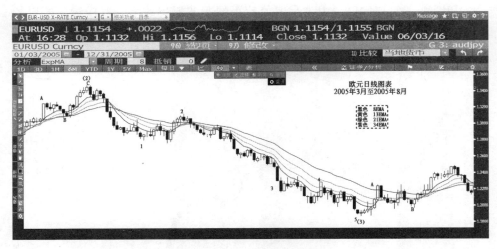

图 4－23A 通过 EMA 均线系统判断浪势的翻转案例——欧元/美元日线（2005 年 3 月至2005 年 8 月）

（1）首先价格下穿 8EMA "警告"，然后是价格下穿 21EMA 和 34EMA，"一触即发"，然后 8EMA 下穿所有的 EMA 均线，1 浪自起始点启动，导致趋势向下确认。我们不一定能在最高位进入做空，但是我们可以在趋势发生时试图进入做空（即 8EMA 下穿 34EMA），我们可以持有下去。

（2）然后 2 浪出现，我们看到价格上穿 8EMA，此乃一种"警告"，之后，我们可能应该会选择离场，当价格再次向上触及 21EMA，可能再次告诉我们，之后价格反向的一波冲击可能会"一触即发"，这时候，我们应再次选择另一"部分"了结离场。

（3）当再次 2 浪进行时，我们看到 8EMA 第一次穿透了 13EMA，我们继续选择"部分"了结离场，再则，我们看到 8EMA 第一次穿透 21EMA，我们继续选择离场。

（4）最后 2 浪接近完成时，我们看到 8EMA 拥抱了一下 34EMA，但是始终没有穿透它，这个时候，我们认识到，"拥抱"代表的是同一趋势，同一趋势没有结束，会继续扩展下去，而且往往扩展将是一个强趋势，至少说明仍然在下跌趋势中，如果这个时候还有剩余头寸的话我们选择"留下"或者视实际情况，再次进入做空。

（5）接着我们看到价格再次下穿 8、13、21、34EMA，并且 8EMA 离开了 34EMA，再次下穿 13EMA、21EMA。就这样 3 浪强化了趋势。就像"刚才"我们设想的一样，"拥抱"代表同一趋势没有结束，并且会扩展，往往是代表了强趋势的延续。

（6）直到最后 5 浪结束。我们才看到 8EMA 再次上穿 34EMA，整个（3）浪的 5 浪结束，趋势翻转（见图 4－23B）。

图 4－23B　通过 EMA 均线系统判断浪势的翻转案例——欧元/美元日线（2005 年 3 月至 2005 年 8 月）

类似的案例很常见，都遵照这样的方式，让我们多加练习，理解 EMA 均线系统在波浪理论的应用，应用 EMA 均线系统判定浪势的翻转和推动浪的结束。

2. 案例 2：调取欧元/美元日线，时间跨度取 2005 年 8 月至 2006 年 1 月，通过 EMA 术语描述了第（5）浪的子 5 浪下跌过程（如图 4－24A、图 4－24B）。

（1）8EMA 下穿所有其他 EMA 均线时，进入市场，一旦 8EMA 开始上穿 13EMA 时离场。

（2）8EMA 再次下穿时候，再次进入市场，最后当 8EMA 上穿 34EMA 时离场。

图4-24A 通过 EMA 均线系统判断浪势的翻转案例——欧元/美元日线（2005年1月至2006年1月）

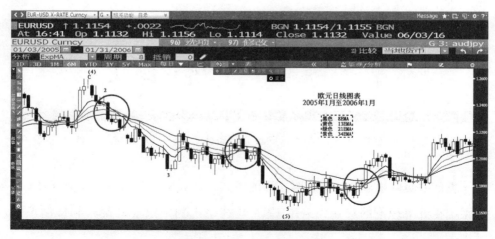

图4-24B 通过 EMA 均线系统判断浪势的翻转案例——欧元/美元日线（2005年1月至2006年1月）

结合其他方法达成共同的目的，判断趋势是否已经结束，新趋势是否已经开始。

4.7 通过蜡烛线的翻转图形判断浪势的翻转

4.7.1 综述

日本人发明了蜡烛线，并使用蜡烛线绘图分析交易已经有数百年的历史，蜡烛线简单、高效因而广泛地应用于现代证券、期货、外汇和商品市场。蜡烛线与它组成的图形在任何时候都会让交易者不禁看了又看，想了又想，因为它是最简单的，又是最复杂的；是最日常的，但又包含了所有的信息。很多看似高深的理论或指标都来自蜡烛图，又最终回到了蜡烛图。

通过学习，我们了解到了波浪形态的重要性。同样的，K线的形态，我们可以理解为时间太短了，还来不及形成时间轴上的特定图形，而只是一些K线之间的简单组合。对于趋势的翻转或结尾同样存在一些特定的K线组合和形态，K线的组合与波浪的形态一样重要，也一样好用，而且更简单。

当一个下跌过程中突然出现了某个翻转的K线组合那么后市极有可能马上止跌并开始上涨了，那么我们称这样的K线组合为"牛市K线翻转图形"或"牛市图形"，当一个上涨过程中突然出现了某个翻转的K线组合，那么后市极可能马上止涨并开始下跌，那么我们称这样的K线组合为"熊市K线翻转图形"或"熊市图形"。

通常一组"牛市图形"和"熊市图形"是上下颠倒的镜像。这样的组合会成对出现，同一对的一组名字相同，有时候不同的教材也会有不同的命名，值得注意的是，在下跌过程中的是牛市（翻转）图形，而在上涨过程中的却是熊市（翻转）图形。这里说的牛市和熊市是指后面的趋势，而不是之前的走势。

4.7.2 按"对"列举常见的K线翻转图形

1. 刺入线型与乌云盖顶线型（Piercing Line & Dark Cloud Pattern）。

（1）牛市图形：刺入线型（Piercing Line）（如图4-25）。

跌深反弹，趋势上的牛市翻转组合，往往出现在一段下跌过程之后，第一天继续下跌，第二天要求开盘低于第一天，并且要求收盘时，收高于第一天的中间价，即第二天收盘价高于第一天下跌的一半以上。这样的K线组合称为"刺入线"。往往是一段下跌的终结。

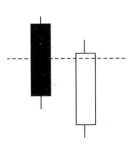

图4-25 通过蜡烛线的翻转图形判断浪势的翻转——刺入线型

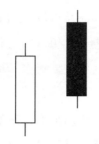

图 4 - 26 通过蜡烛线的翻转图形判断浪势的翻转——乌云盖顶线型

（2）熊市图形：乌云盖顶线型（Dark Cloud Pattern）（如图 4 - 26）。

乌云盖顶线型是涨势停止并开始翻空的图形，与"刺入线型"刚好完全相反，"乌云盖顶"往往是在一段上涨过程之后出现，第一天继续上涨，第二天要求高开，即开盘价高于第一天收盘价，随后开始下跌，并且要求收盘时，收盘价低于第一天的中间价，即第二天收盘价低于第一天上涨涨幅的一半。这样的 K 线组合称为"乌云盖顶型"。属于上涨趋势的结束，往往是一段下跌趋势的开始。

2. 牛熊市的吞噬线（Engulfing Pattern）。

（1）牛市吞噬线型（Bull Engulfing Pattern）（如图 4 - 27）。

吞噬线型是非常独特和重要的翻转组合，牛市吞噬线型是当一段下跌过程之后出现，空头的力量开始减弱，第一天空方仍然控制着市场，但是震荡幅度收窄，成交低迷，显得空头并没有更大的野心和进取心，但是第二天低开，不过随后高走，整个阳线全部吞噬了第一天的 K 线，包括上影线部分。很形象地说，就是买方"淹没"了卖方，多头"吞噬"了空头，自然买方准备开始接管市场。翻多开始。

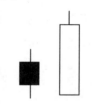

图 4 - 27 通过蜡烛线的翻转图形判断浪势的翻转——牛市吞噬线型

（2）熊市吞噬线（Bear Engulfing Pattern）（如图 4 - 28）。

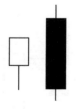

图 4 - 28 通过蜡烛线的翻转图形判断浪势的翻转——熊市吞噬线型

熊市吞噬线与牛市吞噬线刚好完全相反，熊市吞噬线型是当一段上涨过程之后出现，多头的力量开始薄弱，第一天多方仍然控制着市场，但是涨幅收窄，成交低迷，显得多头并没有更大的企图心，但是第二天依然高开不过随后下跌，第二天整根阴线全部吞噬了第一天的阳线，包括下影线部分。也就是卖方"淹没"了买方，空头"吞噬"了多头，属于翻空信号。

3. 锤子线和上吊线（Hammer & Hanging Man）。

锤子线和上吊线是一模一样的，只是位置不同。如果经过了一段下跌之后出现"类似于棒棒糖"一样的图形，那就是锤子，那么他就是一个重要的见底信号。下跌就此结束，翻多。如果经过了一段上涨之后出现了"类似棒棒糖"一样的图形，那就是上吊线，那么他就是重要的见顶信号，上涨就此结束。作为一个合格的"锤子"或"上吊"，下影线部分至少是实体部分的 2 倍高度。

（1）锤子线（Hammer）（如图 4-29）。

锤子线，在一段下跌走势的尾端，那么就是锤子。锤子线要求低走一段后反弹，留下一个长下影，不管实体 K 线部分是阳线还是阴线，只要实体部分比较小并极少有上影。下影线至

图 4-29　通过蜡烛线的翻转图形判断浪势的翻转——牛市信号，锤子线

少是实体部分的 2 倍。那么就是牛市信号，下跌趋势的结束，多头翻转的开始。

（2）上吊线（Hanging Man）（如图 4-30）。

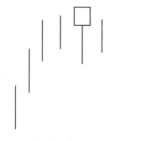

图 4-30　通过蜡烛线的翻转图形判断浪势的翻转——熊市信号，上吊线

上吊线，上吊线和锤子线是一模一样的，如果是一段上涨走势后出现，那么就叫上吊线，上吊线同样长下影，不论实体是阳或阴，实体部分要比较小并极少或几乎没有上影。下影线至少是实体的 2 倍，说明多头市场已经很疲弱了，但是上吊线的翻转仍需格外的谨慎，最好要第二天收盘再次确认，如果隔天的收盘仍然低于上吊线的实体部分，翻转显得更为保险，从而成为上涨趋势的结束，空头翻转的开始。

4. 倒锤子线和流星线（Inverted Hammer & Shooting Star）。

倒锤子线和流星线是一模一样的，只是位置不同，如果经过了一段下跌之

后出现"类似倒着的棒棒糖"的图形，那就是倒锤子线，如果经过了一段上涨之后出现了"倒棒棒糖"图形，那就是"流星线"，它们跟第三对的锤子线和上吊线刚好是倒过来的图形。都是翻转的重要信号。

（1）倒锤子线（Inverted Hammer）（如图 4－31）。

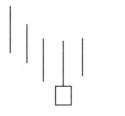

图 4－31　通过蜡烛线的翻转图形判断浪势的翻转——牛市信号，倒锤子

倒锤子线，是一个牛市的翻转信号，经过一段的下跌后出现，低开，然后冲高回落，收盘收在开盘价附近（通常为小阳线）。留下了一个长长的上影线，却几乎没有或极少留有下影线。如果这样的图形出现在下降趋势中，那么就叫倒锤子线，并且是一个转牛的底部翻转的信号。谨慎起见，隔日的开盘价如果高于倒锤子的实体部分，并且隔日收价也高过倒锤子的收盘价，那么翻转显得更为保险，多头趋势开始。

（2）流星线（Shooting Star）（如图 4－32）。

流星线，是一个熊市的翻转信号，经过一段的上涨后出现，高开，然后冲高回落，收盘收在接近开盘价的位置（通常为小阴线），留下长长的上影线，几乎没有或极少有下影线。这样的图形出现在上涨趋势中，那么就称为流星线，它是一个转熊的顶部翻转信号，谨慎起见，隔日的开盘价如果低于流星线实体部分，并收低于流星线的收盘价，那么翻转更多保险，空头趋势开始。

图 4－32　通过蜡烛线的翻转图形判断浪势的翻转——熊市信号，流星线

5. 牛熊市的母子线（Harami）。

Harami 原本的意思是怀孕，就像一个孕妇肚子里有个小孩一样。故而称为"母子线"。

母子线与吞噬线，刚好相反，吞噬线是后一 K 线完全包裹前一根 K 线，而母子线却是后一根 K 线完全被前一根 K 线所包裹。

（1）牛市母子线（Bull Harami）
（如图4-33）。

当经过一段的下跌后，可能会出
现翻多的母子线，那么就是牛市开启
的信号。通常第一天会是一根实体和
整体较大的阴线，跌幅较大，并且收

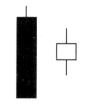

图4-33　通过蜡烛线的翻转图形判断
浪势的翻转——牛市母子线

盘收在底部（最低点）的附近，第二天高开，收了一个较小的实体线，并且
包括上下影线全部包裹在第一天的大阴线内。那么第一天的大阴线为母线，第
二天被包裹的是子线，也有分析指出，子线不一定非要与母线相反，即可以小
阳线，同样可以收小阴线，有时甚至是十字（Doji），均被母线包裹。这通常
是下跌趋势结束的信号，即牛市翻转的开始。

（2）熊市母子线（Bear Harami）（如图4-34）。

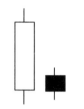

当经过一段上涨后，可能会出现
翻空的母子线，那么就是熊市开启的
信号。通常第一天会是一根实体和整
体较大的阳线，涨幅较大，并且收盘
收在顶部（最高点）的附近，第二天
低开，收了一个较小的实体线，并且

图4-34　通过蜡烛线的翻转图形判断
浪势的翻转——熊市母子线

包括上下影线全部包裹在第一天的大阳线内，子线不一定与母线相反，可以是
小阳线或小阴线甚至十字星，均需被母线包裹，这通常是上涨趋势结束的信
号，即熊市翻转的开始。

6. 星型（Star）、十字星（Doji Star）、启明之星（Morning Star）、十字启
明星（Morning Doji Star）、黄昏之星（Evening Star）、十字黄昏星（Evening
Doji Star）、弃婴型（Abandoned Baby）、星三角（Tri-Star）。

这一类K线，几乎可以把它们归纳为同一类看待。

（1）星型（如图4-35）。

有一个小的实体部分，并且有上下影线，通常开盘与前一K线的收盘价
跳开，是可能的翻转指示。有时在上升过程出现，暗示着上涨停止、下跌趋势

开始，那么就是熊市信号；有时在下跌过程出现，暗示着下跌停止、上涨趋势的开始，那么就是牛市信号。

图 4 – 35　通过蜡烛线的翻转图形判断　　　图 4 – 36　通过蜡烛线的翻转图形判断
浪势的翻转——星型　　　　　　　　　　浪势的翻转——十字星

（2）十字星（如图 4 – 36）。

人们常称为十字或十字星，它是一种很特殊的 K 线图形，十字是因为开盘价与收盘价几乎相等，它的上下影线的长度是可以变化的，有时候会像一个"＋"号，有时候像一个"十字架"（下影长上影短），有时候像一个"倒十字架"（上影长下影短），说明了市场多空双方的拉锯胶着。它在翻转信号上的意义与星型一致，上升过程出现会称为北十字，暗示着上涨的停止。下跌过程出现称为南十字，暗示着下跌停止。

为了进一步判断十字和星型的翻转信号，往往再观察隔日（下一根）K线是否共同组成启明之星、黄昏之星。如果是十字，那么是否组成启明十字星和黄昏十字星，并再加以判断。

（3）启明之星和十字启明星（如图 4 – 37、图 4 – 38）。

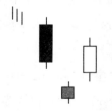
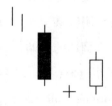

图 4 – 37　通过蜡烛线的翻转图形判断　　　图 4 – 38　通过蜡烛线的翻转图形判
浪势的翻转——启明之星　　　　　　　　断浪势的翻转——十字启明星

由三根蜡烛图组成的牛市翻转形态，在一段下跌过程之后出现，第一天延续下跌趋势，出现了一根长实体下跌阴线，第二天出现跳空低开，并在底部形成星型（星型收阴、收阳线均可），第三天出现一根中长线的实体阳线（有时会跳空高开），像刺入线型一样收盘高于第一天大阴线的实体中间部位。这样就形成了启明之星，是翻多的信号。它跟黄昏之星刚好相反。如果第二根 K 线由十字（星）取代星型，那么整个图形就是"十字启明星"。

（4）黄昏之星和十字黄昏星（如图 4 -39、图 4 -40）。

图 4 -39　通过蜡烛线的翻转图形判断浪势的翻转——黄昏之星

图 4 -40　通过蜡烛线的翻转图形判断浪势的翻转——十字黄昏星

由三根蜡烛图组成的熊市翻转形态，在一段上涨过程后出现，第一天延续上涨趋势，出现了一根长实体上涨阳线，第二天出现跳空高开，并在顶部形成星型（星型收阴线、收阳线均可），第三天出现一根中长的实体阴线（可以跳空低开），像刺入线型一样收盘需要低于第一天大阳线的实体中间部位。这样就形成了黄昏之星，是翻空的信号。它跟启明之星相反。如果第二根 K 线由十字（星）取代星型，那么整个图形就是"十字黄昏星"。

（5）弃婴型（如图 4 -41A、图 4 -41B）。

图 4 -41A　通过蜡烛线的翻转图形判断浪势的翻转——牛市弃婴型（Bull Abandoned Baby）多头信号

图 4 -41B　通过蜡烛线的翻转图形判断浪势的翻转——熊市弃婴型（Bear Abandoned Baby）空头信号

弃婴型与之前的启明之星、黄昏之星有着相同架构，只少许不同。

它也分牛市图形与熊市图形，只是分布的位置决定了它们往相反的方向翻转,与启明之星、黄昏之星不同的是中间第二根 K 线完全脱离了第一根与第三根 K 线,甚至包括影线部分也不重叠。显得孤零零的凹陷或凸起,故而得名弃婴型。这里的第二根弃婴 K 线可是十字形也可以是星形,并无区别,这类图形实盘并不常见。

(6)星三角。

星三角 Tri-Star 是更为特殊的情况,它与启明之星、黄昏之星、弃婴型有着相同架构,只有三根 K 线都是由十字 Doji 组合而成。即上面的情况第一、第二、第三根 K 线都是十字或星型。

7. 牛市和熊市的踢脚线型(Kicker)。

踢脚线是非常有爆发力的 K 线图形组合,就像大多数蜡烛图形一样,踢脚线也有牛市和熊市两个版本。

(1)牛市踢脚线型(Bull Kicker)(如图 4 – 42A)。

这是牛市翻转图形,在这种模式下,首先一组或几根阴线连续下跌(并且它们以实体阴线为主,缺少影线,阴线相互之间缺少或少有重叠),然后突然大幅高开被一根中大型阳线反抽,阳线同样是光头光脚少有影线,阴线与阳线之间留下了巨大的缺口,就像一组下跌趋势的阴线被重重地踢了一脚似的。故而得名"踢脚线"。

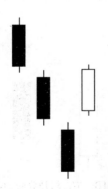

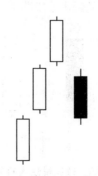

图 4 – 42A　通过蜡烛线的翻转图形判断浪势的翻转——牛市踢脚线型

图 4 – 42B　通过蜡烛线的翻转图形判断浪势的翻转——熊市踢脚线型

可以看到这样图形,一开始价格有序向下移动,但是突然在交易间隙被扯开巨大的口子,并且隔天又几乎收在最高位置,我们称这样的做法叫轧空头,而且市场通过这样的"休克事件"引起恐慌并迫使空头来买单，并且通过这样的方式往往会"引导新入场的交易"走出新的趋势方向。

（2）熊市踢脚线型（Bear Kicker）（如图 4-42B）。

同样的情况，把阴阳上下颠倒过来就是熊市踢脚线，这样就属于熊市翻转的图形。

8. 三白兵（Three White Soldiers）和三乌鸦（Three Crows）。

（1）三白兵或三个白武士，有些地方也称红三兵等（如图 4-43）。

我们看过踢脚线型，了解到三根连续的阳线并不一定代表趋势的方向，也有被"踢"的可能。这里的"三白兵"并不是简单的三根阳线的组合，而存在一些条件：①三个连续的中型阳线。②阳线之间彼此重叠程度比较高，即第二根阳线需要从第一根阳线

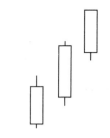

图 4-43 通过蜡烛线的翻转图形判断浪势的翻转——三白兵

内部打开，并依次类推（这样阳线像是"压缩在一起"的感觉，使得趋势显得更为稳固）。③每根阳线收盘几乎都是当日最高价或附近。④三白兵出现在下跌趋势刚结束附近或价格洼地区域。这样才能代表牛市的翻转信号，之后翻多。

（2）三乌鸦（如图 4-44）。

与三白兵刚好相反，它属于熊市翻转信号，存在一些条件：①三个连续的中型阴线。②阴线之间彼此重叠程度比较高，即第二根阴线需要从第一根阴线内部打开，并依次类推。（这样阴线像是"压缩在一起"的感觉，使得趋势显得更为稳固）。③每根阴线收盘几乎都是当日最低价或附近。④三乌鸦出现在上涨趋势刚结束附近或价格顶部区域。这样才能代表熊市的翻转信号，之后翻空。

图 4-44 通过蜡烛线的翻转图形判断浪势的翻转——三乌鸦

这一节，我们通过学习了解了蜡烛线的翻转图形，认识到判断浪势翻转的第六种方法，并列举了常见的八组蜡烛图的牛熊翻转图形。K线的组合具有简单、易记、实用等优点，通过记忆K线的翻转图形可以帮助我们加强对波浪形态的判定，并结合其他方法共同使用，提高命中率。

判断浪势在实际盘面和交易过程中都是非常关键的一个环节，很多时候我们在做的唯一一件重要的事情就是在判断浪势何时何地结束，通过这一章的学习，我们强调了趋势和时机的重要性，同时也认识到了波浪理论中，形态、比值、时间这三个关键要素。学习并理解了判断浪势翻转和趋势结束的六种不同的方法，分别是：①艾略特通道技术；②应用斐波那契比值关联"凸显"预期目标；③通过动量背离和发展方向（AO）；④特定的翻转形态；⑤EMA均线系统在波浪理论中的应用；⑥蜡烛线的翻转图形。

第五章　修正浪模式（一）

本章我们开始研习修正浪模式，通过对波浪理论前四章内容的学习，我们了解了一个完整的波浪段不仅包含推动浪，同时也包含修正浪。这一章我们重点学习的内容有修正浪的形态结构及特征。具体的修正浪包括折线型修正浪、平头型修正浪（Flat）、三角型修正浪（Triangle）、复合型修正浪（Combinations）等。在本章最后，我们总结修正浪结构的规则与指导原则。

在实盘交易中，我们经常会看到修正浪做出某种"姿态式"的运动，有时候这样的运动会连续反映到图表上。试想，如果我们拥有了对特定的一些修正浪形态的视图识别能力，譬如折线型或三角型修正浪，我们就可以去识别目前市场到底运行在哪一个序列的波浪段上面，并为下一次市场的推动型趋势运动做好充足的准备。认知并应用修正浪模式是我们理解下一波趋势的开启和当前波段运行情况的重要手段。

5.1　修正浪的形态结构

5.1.1　修正浪的形成

波浪理论原理通过提供配置架构和分形传导，不断给市场提供指令，这是市场运动的内生因素。修正浪结构可以跟随在任意一个推动浪 5 浪模式之后，修正浪结构可以跟随在推动浪的第 1 浪后面，可以跟随在推动浪的第 3 浪后面，也可以跟随在推动浪的第 5 浪后面。

如图 5 - 1，除了三角型修正浪外，通常来说修正浪都是 3 个子浪的结构，A 浪、B 浪、C 浪。以上升趋势的 5 浪而言，修正浪 A、B、C 浪位于 1 浪、3 浪、5 浪的结尾，此时市场感觉仍处一种上升趋势的牛市状态，对于修正浪

A、B、C 而言可能仅仅只是一次性的下跌回调，而交易者们往往正期待着逢低买入，尤其是对位于 1 浪和 3 浪后的修正 A、B、C 浪而言，这样的情况尤为明显。就像第一章基本波浪的市场特征里描述的那样，上述这些也通常是修正浪 A 的市场特征。即便如此，修正浪毕竟还是下跌的模式，暂停甚至翻转了推动浪的主趋势方向，因此也有交易者会在修正回撤过程中做空。

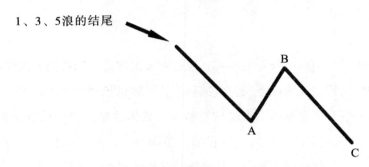

图 5 - 1　修正浪紧跟在 1、3、5 浪之后

　　就像修正浪的市场特征描述的那样，特别当 5 浪结束之后的修正浪 A、B、C 浪，如图 5 - 2，那么此时的 B 浪通常会成为多头们的陷阱。由于 5 浪结尾后的修正浪级别比 1 浪与 3 浪结尾的修正浪级别大，并更易受到之前（5 浪）主推动趋势方向的"吸引"。

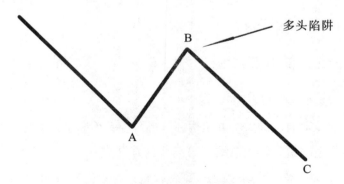

图 5 - 2　5 浪之后的 B 浪为多头陷阱

　　此时，交易者们容易欣欣然再次做多市场，把 A 浪的低点误以为是阶段性的底来抄，并没有意识到 C 浪"杀人浪"将至。实际情况是，B 浪是布置做空 C 浪的好时机。

当市场运行到 C 浪的模式下，尤其是 C 浪处于相对熊市的市场环境且浪级较大的时候，价格的下跌是毫不留情的，甚至它的目的或"功能"在于"清除"那些多单的长线部位。C 浪经常发生扩展，在 3 个修正浪里，不论是时间还是空间，C 浪往往占比较大。但是 C 浪一旦结束那么下跌就此结束，下一阶段市场又重新开始（如图 5 – 3）。

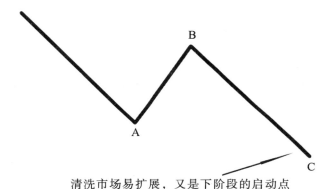

清洗市场易扩展，又是下阶段的启动点

图 5 – 3　5 浪之后的 C 浪的市场特征

并不是所有的情况都那么的糟糕，这取决于波段的级别和市场当时的环境，虽然 B 浪、C 浪容易出现一诱一杀的情况，但实际也取决于 C 浪的具体状况。

5.1.2　修正浪的形态特征

修正浪模式通过形态的不同可以分为单边型修正浪（Sharp）和横盘型修正浪（Sideways）。

单边型：在抵抗、阻碍主趋势方向上运动得非常尖锐、非常激烈，即在反主趋势方向上以单边进取的方式运动。

横盘型：又称侧面型修正浪，在抵抗、阻碍主趋势方向上平缓的横向运动，即在反主趋势方向上以略微倾斜、横向或侧向的方式运动。

5.1.3　修正浪的结构特征

修正浪模式通过结构特征的不同可以分为 3 种不同类型：

1. 折线型修正浪。

折线型修正浪，如图 5 – 4，属于单边型修正浪，是最基本的修正浪模式，单一且没有特殊变化。

艾略特波浪理论 ——混沌中不断重复的混沌

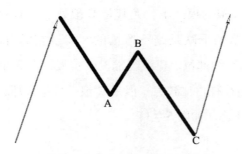

图 5 - 4　折线型修正浪示意图

2. 平头型修正浪。

平头型修正浪，如图 5 - 5，属于横盘型修正浪，存在 3 个变异体。

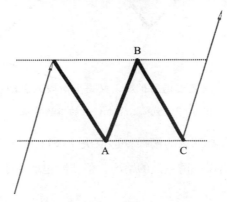

图 5 - 5　平头型修正浪示意图

3. 三角型修正浪。

三角型修正浪，如图 5 - 6，属于横盘型修正浪，存在 4 个变异体。

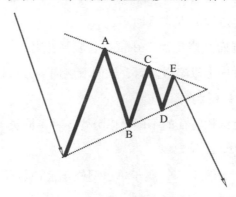

图 5 - 6　三角型修正浪示意图

5.2 折线型修正浪的特征

我们怎么才能在市场中辨识这些具体的修正浪结构呢。尤其是当它们正在进行中，上下起伏波动的时候。这就需要我们更深入地了解他们内在的结构特征。

5.2.1 概念

折线型修正浪在有些地方也叫锯齿型修正浪，在一个上升或下降趋势中，折线型修正浪强烈地阻碍了主趋势方向上的运动，即在逆主趋势方向上单边的、进取的运动。如图 5－4，折线型被认为是单边性的运动是因为 A 浪的趋势方向是逆主趋势方向，紧跟的 B 浪修正了 A 浪，最后的 C 浪再次恢复逆主趋势方向并跌破 A 浪的尾端（最低位），并且在逆主趋势方向上深入发展。

5.2.2 折线型修正浪的内部结构

如图 5－7 所示：

1. 折线型修正浪的内部由 3 个子浪组合，A－B－C。

2. 内部的 A 浪与 C 浪都是由子 5 浪结构组成。

3. A 浪与 C 浪被 B 浪分割，B 浪是一个子 3 浪的结构组成。

4. 折线型修正浪内部的结构是：推动型—修正型—推动型（5－3－5）。

5. A 浪与 C 浪逆主趋势方向运动、B 浪同主趋势方向运动。

所以折线型修正浪存在 2 个不同方向上的运动，使得市场还没注意到，趋势方向就发生了改变。在 5 浪的第 2 浪位置往往会出现折线型修正浪充当 2 浪回撤的"角色"，由于折线型修正浪属于单边型，回撤幅度较大，导致了 2 浪时常大幅回撤 1 浪的涨幅。

图 5－7　折线型修正浪的内部结构特征

5.3 平头型修正浪的特征

5.3.1 概念

平头型修正浪在有些地方也叫平台型修正浪，在一个上升或下降趋势中，平头型修正浪只是在时间上阻碍或拖延了主趋势方向上的运动，相对主趋势浪而言，平头型修正浪就是横盘或侧到一边的运动。如图 5－5，平头型修正浪被认为是横盘性质的修正浪，是因为 A 浪的趋势方向是逆主趋势方向，紧跟的 B 浪再次返回了 A 浪的起始位置附近，最后 C 浪再次逆主趋势方向运动，并跌回 A 浪的终点位附近。

5.3.2 平头型修正浪的分类

由于具体的 B 浪和 C 浪位置的不同导致了平头型修正浪有 3 个变异体，即平头型修正浪有 3 个不同的类型，它们分别是：规则平头型（Regular Flat）；不规则（扩展）平头型（Irregular or Expanded Flat）；跑平头型（Running Flat）。

以主方向为上升趋势为例：

1. 规则平头型。

如图 5－8，在所有的平头型修正浪里面，规则平头型最为常见。

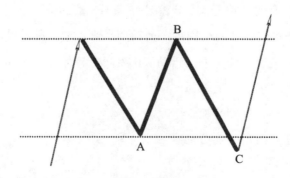

图 5－8 规则平头型

通常在规则平头型里面，B 浪会返回 A 浪的起始点附近但不超出 A 的起跌点，然后紧跟的 C 浪与 A 浪同样运动，并且略略超出 A 浪终点位置结束。

2. 不规则或扩展平头型。

如图 5 – 9，不规则或扩展平头型里面，B 浪会返回并超过 A 浪的起跌位，有时候会让人有一种创新高的感觉，然后紧跟的 C 浪与 A 浪同样的运动，并且收低于略超出 A 浪终点的位置。

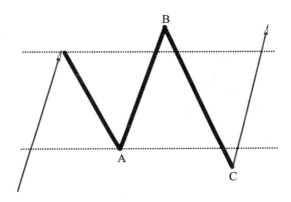

图 5 – 9　不规则或扩展平头型

3. 跑平头型。

如图 5 – 10，跑平头型的形态，图如其名，好像是上升的趋势太过强烈了，连修正浪都被影响到而继续被赶着往前奔跑一样。不仅 B 浪将返回并超过 A 浪的起跌位，而且随后的 C 浪也没有 "能力" 跌破 A 浪的最低位（尾端）。市场 "迫不及待" 的中止了 C 浪，结束了平头修正再次开启新的主升段运动。

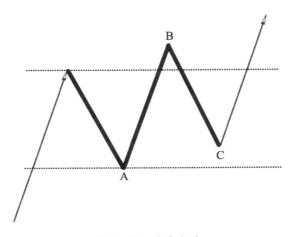

图 5 – 10　跑平头型

因此对于平头型修正浪，要看 B 浪与 C 浪的位置，它们的具体位置决定了到底属于哪一种类型的平头型修正浪。

5.3.3 平头型修正浪的内部结构

如图 5-11 所示：

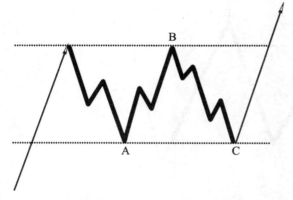

1. 平头型修正浪由 3 浪段 A、B、C 组成。

2. 其中 A 浪与 B 浪内部都是由 3 个子浪组成。

3. 最后的 C 浪由一个子 5 浪结构完成。

4. 平头型修正浪内部的结构是：修正型—修正型—推动型（3-3-5）。

图 5-11　平头型修正浪的内部结构特征

5. 尤其注意的是在折线型修正浪内 A 浪是子 5 浪的形态，而在平头型修正浪内 A 浪只有 3 个子浪。

6. A 浪与 C 浪逆主趋势方向运动，B 浪同主趋势方向运动。当然整体趋势显得平缓，侧着或横向的运动。

所以平头型修正浪虽然也存在着 2 个不同方向上的运动，但整体较单边型修正浪而言平缓了很多，看似并没有改变太多主趋势方向上的运动，更多的只是做横盘的动作。在 5 浪的第 4 浪位置往往会出现平头型修正浪来充当 4 浪回撤的"角色"，由于平头型修正浪属于横盘型，回撤幅度较小，这让整体形态在主趋势方向上看上去好像更加有力，之后就是最后的第 5 浪在主趋势方向上的延续，并最后终结。

5.4　三角型修正浪的特征

5.4.1　概念

在一个上升或下降趋势中，三角型修正浪，属于横盘型修正，三角型修正浪始终运行在一个收敛型的通道或者是一个扩散型的通道内，如图 5-6 所示，在一个下跌趋势中，中间间隔了一个运行在收敛通道内的三角型修正浪。三角型修正浪是由 A – B – C – D – E 5 个子浪的波段结构组合而成的一个形式。它是逆主趋势方向上的横盘或侧面的修正运动。

5.4.2　三角型修正浪的分类

根据三角型修正浪的形态来划分，三角型修正浪可以分为两大类或者三小类。根据三角型运行的通道属性可以划分为两个大类：收敛三角型（Contracting Triangle）和扩散三角型（Expanding Triangle）。收敛三角型在三角型修正浪里比较常见，按照倾斜程度又可以分为三个小类：对称三角型（Symmetrical Triangle）、上升三角型（Ascending Triangle）和下降三角型（Descending Triangle）。

以主方向为下降趋势为例：

1. 收敛对称三角型。

如图 5 – 6 所示，收敛对称三角型运动在一对交叉收敛的趋势线内即收敛型的通道内，并且上下趋势线的斜率相对对称。

2. 收敛上升三角型：平头斜底为升。

如图 5 – 12 所示，收敛上升三角型的形态特征是，运作在一对交叉收敛的趋势线内，且顶部趋势线平坦，底部趋势线抬高，或者要求底部趋势线的陡峭程度大于顶部趋势线的陡峭程度。即底部斜率大者即为上升三角。

若上下趋势线斜率相等那么即为对称三角。

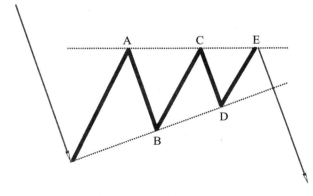

图 5 – 12　收敛上升三角型

3. 收敛下降三角型：斜头平底为降。

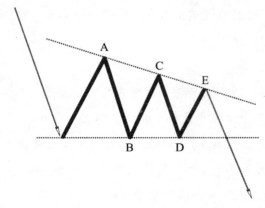

图 5 – 13　收敛下降三角型

如图 5 – 13，收敛下降三角型的形态特征是，运动在一对交叉收敛的趋势线内，且底部趋势线平坦，顶部趋势线下降，或者要求顶部趋势线的陡峭程度大于底部趋势线的陡峭程度。即顶部斜率大者即为下降三角型。

若上下趋势线斜率相等那么即为对称三角。

4. 扩散对称三角型。

如图 5 – 14，扩散对称三角型运动在一对分叉的扩散的趋势线内即扩张类型的通道内，且上下趋势线斜率比较对称。

以上根据三角型的形态特征，列举了两大类、三小类的三角型修正浪，三角型修正浪通常出现在 5 浪的第 4

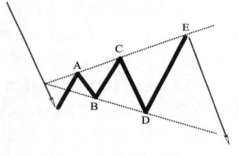

图 5 – 14　扩散对称三角型

浪位置，并且属于横盘型的修正，它们也经常被认为是趋势的中继形态，在三角型运行的尾端，这样的"中继过程"就会结束，之后它们便"引导"出最后的主趋势方向上的第 5 浪。

5.4.3　三角型修正浪的内部结构

如图 5 – 15 所示：

1. 三角型修正浪由 5 浪波段 A、B、C、D、E 组成。

2. A、B、C、D、E 浪的内部分别都由 3 个子浪组合而成。

3. 最后由 E 浪结束了三角型修正浪，之后的运动不再属于它。

4. 三角型修正浪内部的结构是：修正型—修正型—修正型—修正型—修正型（3 – 3 – 3 – 3 – 3）。

5. A 浪、C 浪和 E 浪是逆主趋势方向运动，而 B 浪、D 浪是同主趋势方向运动。不过整体而言趋势平缓，属于横盘或侧面的运动。

所以虽然三角型修正浪存在着不同方向上的变换运动，但整体较单边型修正浪而言修正运动平缓很多，三角型修正更像是主趋势方向的中继。在 5 浪的第 4 浪位置有可

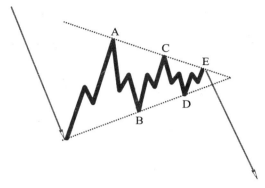

图 5 - 15　三角型修正浪（Triangle）的内部结构特征

能出现三角型修正浪来充当 4 浪回撤的"角色"，由于三角型修正浪属于横盘型，回撤幅度较小，主趋势方向上的整体形态看上去"刚劲有力"，经过三角型引导后就是最后的第 5 浪突破，然后终结。

5.4.4　修正浪的三个基本模式（小结）

通过对不同修正浪模式的结构特征比对，我们将修正浪划分成 3 种不同的基本类型，即修正浪的基本模式，它们是折线型修正浪、平头型修正浪、三角型修正浪（如表 5 - 1）。

表 5 - 1　　　　　　　　　　修正浪的三个基本模式

基本形态	特征性	变异体
折线型修正浪	单边型修正浪	单一、简单（无任何其他变异体）
	3 个子浪 ABC（5 - 3 - 5）	
平头型修正浪	横盘型修正浪	规则平头型
	3 个子浪 ABC（3 - 3 - 5）	不规则（扩展）平头型
	B、C 浪的位置变化改变	跑平头型
三角型修正浪	横盘型修正浪	收敛对称三角型
	5 个子浪 ABCDE 内部（3 - 3 - 3 - 3 - 3）	收敛上升三角型
		收敛下降三角型
		扩散对称三角型

就像人们说的，"Single is Simple，Double is Trouble."一个简单，两个麻烦，凡事似乎都是如此。我们经常看到盘面中的修正浪有时是如此的复杂、变化多端，但事实上，当我们学习了修正浪的三个基本模式，就不难理解，再复杂的修正浪也是由这三类基本浪拼接、组合而成的。

5.5 复合型修正浪的特征

复合型修正浪或者又称联合型修正浪，也可以归结为第四种修正浪的基本模式去理解。不过我们更乐意把它看作是由三类基本浪经过各种排列组合而成的，或者不同浪级的细节相互汇合而成。

5.5.1 折线型修正浪的复合

折线型修正浪属于逆主趋势方向的单边型修正，它可以单独出现，那么就是简单的折线型修正浪，折线型修正浪的复合可以由2个基本折线型连接在一起，我们称它为双重折线型修正浪（Double Zigzags）。如果是由3个基本折线型连接在一起，我们称之为三重折线型修正浪（Triple Zigzags）。

1. 双重折线型修正浪。

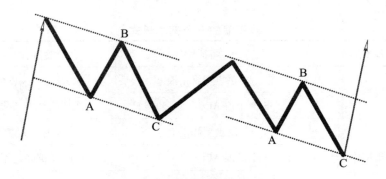

图 5 - 16　双重折线型修正浪

双重折线型由2个基本折线型连接在一起，组合而成。由于折线型的特征是剧烈的单边式逆主趋势方向上的运动，因此双重折线型在逆主浪趋势方向上运动得更为陡峭和犀利。双重折线型修正浪相当于由 W - X - Y 浪组成。其中W 浪与 Y 浪都是基本折线型，而 X 是它们之间的连接（如图 5 - 17）。

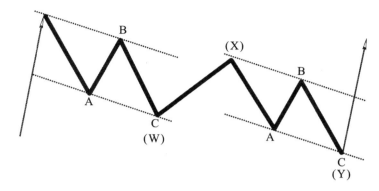

图 5 – 17 双重折线型修正浪由 W – X – Y 浪组成

2. 三重折线型修正浪。

如图 5 – 18，三重折线型由 3 个基本折线型连接在一起组合而成。由于折线型的特征是剧烈的单边式逆主趋势方向运动，因此三重折线型在逆主浪趋势方向上运动得更加陡峭和犀利。三重折线型相当于由 W – X – Y – X – Z 浪组成。其中 W 浪、Y 浪与 Z 浪都是基本折线型，而 X 仅仅只是他们之间的连接（如图 5 – 19）。

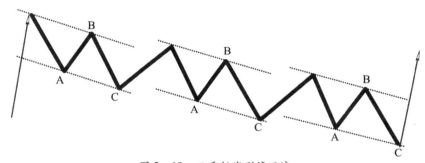

图 5 – 18 三重折线型修正浪

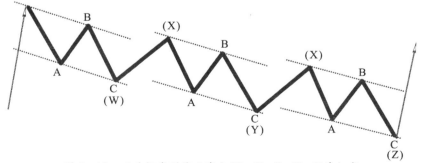

图 5 – 19 三重折线型修正浪由 W – X – Y – X – Z 浪组成

5.5.2 基本修正浪之间的复合

正如我们看到折线型修正浪的复合一样，基本修正浪形态之间也可以相互复合。基本上复合型修正浪类型中相较折线型与折线型之间的双重或三重复合而言，其他修正复合的组合更应该被归纳为侧向或横盘型修正。

同样的，基本修正浪之间的复合，可以由 2 个基本修正浪型连接在一起，我们称它为双重复合型修正浪。如果是由 3 个基本修正浪型连接在一起，我们称之为三重复合型修正浪。由于基本修正浪通常由 3 个子浪组成，所以"双重复合型"修正浪又称为"双三型"修正浪（Double Three Combinations or Double Three），"三重复合型"又称为"三三型"修正浪（Triple Three Combinations or Triple Three）。

1. 双重复合型修正浪。

如图 5 – 20，双重复合型修正浪由 2 个基本修正浪型连接在一起组合而成。双重复合型相当于由 W – X – Y 浪组成。其中 W 浪与 Y 浪是基本修正浪型，而 X 浪是它们之间的连接（如图 5 –21）。

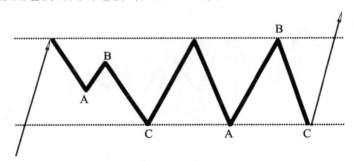

图 5 – 20　双重复合型修正浪

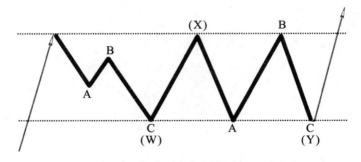

图 5 –21　双重复合型修正浪由 W – X – Y 浪组成

116

2. 三重复合型修正浪。

如图 5－22，三重复合型修正浪由 3 个基本修正浪型连接在一起组合而成。三重复合浪型相当于由 W－X－Y－X－Z 浪组成。其中 W 浪、Y 浪和 Z 浪是基本修正浪型，而 X 浪是它们之间的连接（如图 5－23）。

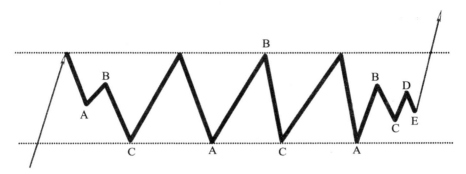

图 5－22 三重复合型修正浪

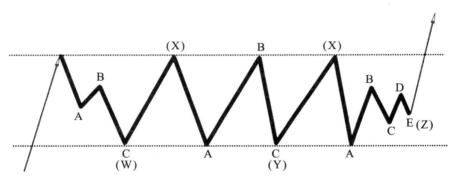

图 5－23 三重复合型修正浪由 W－X－Y－X－Z 浪组成

5.5.3 双重复合型修正浪的内部结构

双重复合型修正浪由 2 个基本修正浪型连接在一起，整体组合应该归纳为逆主趋势方向上的横盘型修正。即双重复合型修正浪相当于由 W 浪与 Y 浪两个基本修正浪型组合在一起，中间由一个连接浪 X 浪作为他们之间的连接。

在图 5－21 的例子中，W 浪的基本修正浪型是折线型（A－B－C）修正浪，Y 浪的基本修正浪型是平头型（A－B－C）修正浪。在主趋势再次启动前，双重复合型修正浪通常会在盘面上做宽幅震荡。它的形态就像我们看到的那样，存在 2 个基本修正浪单元 W 浪与 Y 浪。中间被 X 浪连接，因此 W－

X – Y浪的结构是"修正型—修正型—修正型"。

　　如图5 – 24，W由3个子浪A、B、C组成，Y由3个子浪A、B、C组成，X可以认为由3个子浪a、b、c组成而成作为连接，X浪内部虽然也有3个子浪但是这里不能一并组合在一起，因为X内部的3个子浪从浪级的角度，X只能作为连接浪，它并不能与修正浪单元W浪（折线型）与Y浪（平头型）相提并论，所以"双重复合型"才被简称为"双三型"而不是"三个三"。

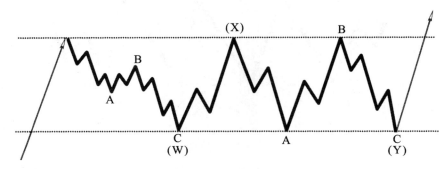

图5 – 24　双重复合型修正浪的内部细节结构

5.5.4　三重复合型修正浪的内部结构

　　三重复合型修正浪由3个基本修正浪型连接在一起，整体组合应该归纳为逆主趋势方向上的横盘型修正。如图5 – 23，即三重复合型修正浪相当于由W浪、Y浪和Z浪三个基本修正浪型组合在一起，中间由两个连接浪X浪作为它们三者之间的连接。

　　在图5 – 23中W浪的基本修正浪型是折线型（A – B – C）修正浪，Y浪的基本修正浪型是平头型（A – B – C）修正浪，Z浪的基本修正浪型是三角型（A – B – C – D – E）修正浪。在主趋势再次启动前，三重复合型修正浪通常会在盘面上做宽幅震荡。它的形态就像我们看到的那样，存在3个基本修正浪单元W浪、Y浪与Z浪。中间被X浪连接，因此W – X – Y – X – Z浪的结构是"修正型—修正型—修正型—修正型—修正型"。

　　如图5 – 25，W由3个子浪A、B、C组成，Y由3个子浪A、B、C组成，Z浪由5个子浪A、B、C、D、E组成，中间由2个X浪连接，X浪可以认为由3个子浪a、b、c组合而成作为连接，虽然X浪内部也有3个子浪组成，但是不能混为一谈。因为 X 浪内部的 3 个子浪从浪级的角度，X 只能作为链接浪，它并不能与修正单元浪的 W 浪（折线型）、Y 浪（平头型）与 Z 浪（三角型）相提并论，所以"三重复合型"简称为"三三型"，而相比"双三型"而言，"三三型"在实际盘面相对罕见。

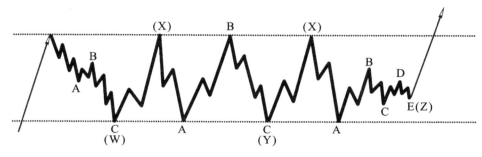

图 5 - 25　三重复合型修正浪的内部细节结构

5.5.5　复合型修正浪的种类

正如我们上节内容描述的那样，复合型修正浪可以由 2 个或 3 个基本修正浪型通过 X 浪连接在一起组成，那么它们之间的排列组合是多种多样的。但是三角型修正浪并不能作为复合型修正浪的第一浪的位置出现，只有折线型与平头型可以引领修正形态的复合，所以我们可以看到有如下的排列组合：

表 5 - 2　　　　　　　　　　　　　复合型修正浪的种类

引领形态	双重复合修正浪组合	三重复合修正浪组合
折线型修正浪	折线型 + 折线型	折线 + 折线 + 折线
	折线型 + 平头型	折线 + 平头 + 平头
	折线型 + 三角型	折线 + 平头 + 三角
平头型修正浪	平头型 + 折线型	平头 + 平头 + 折线
	平头型 + 平头型	平头 + 平头 + 平头
	平头型 + 三角型	平头 + 平头 + 三角
		平头 + 折线 + 平头
		平头 + 折线 + 三角

如果盘面看上去横盘修正起来没完没了，那么现价的展开可能正运行在表 5 - 2（双重折线型与三重折线型除外）的某一种复合型修正浪里面，此时我们就可以对照图表来查询具体的类型，或者提前给市场的复合修正做一个有效

的参考。

5.5.6　复合型修正浪组合中的三角型修正浪具有的独特性

我们不难发现，三角型修正浪非常的特别，它经常会出现在复合型修正浪里，一旦出现却始终位于复合型修正的尾端。也就是说三角修正结束后，整个修正形态就该结束了，主趋势方向也随之而来。这也就是为什么三角型修正浪常被人们称为是中继形态的原因。

双重复合修正浪组合里的三角型修正浪组合：

折线型 + 三角型；

平头型 + 三角型。

三重复合修正浪组合里的三角型修正浪组合：

折线 + 平头 + 三角；

平头 + 平头 + 三角；

平头 + 折线 + 三角。

不论是"双三型"还是"三三型"复合型修正浪，三角型修正浪可以出现在复合型修正浪内，但是值得注意的是它始终只出现在复合型修正浪尾端。另外，同一个修正浪或复合修正浪内也不可能出现多过一个三角型修正浪。即要么没有，要有，有且只有一个三角型修正浪存在，不可以出现第二个三角型修正浪。三角型修正浪始终是修正趋势的终结，它是修正的结尾浪。

5.5.7　三角型修正浪的特殊归纳

1. 三角型修正浪总是"双三型"和"三三型"复合修正浪的结尾浪，分别位于"双三型"修正浪的 Y 浪位置与"三三型"修正浪的 Z 浪位置。

2. 复合型修正浪内有且只有一个三角型修正浪。

3. 三角型修正浪可能会出现在 5 浪推动的第 4 浪位置，之后引导出主趋势的第 5 浪。

4. 三角型修正浪可能会出现在 3 浪修正的 B 浪位置，之后引导出修正浪的 C 浪。

5. 如图 5 - 26，三角型修正浪的 E 浪可以出现复合三角即 E 浪本身由三角型修正浪组成并共同收敛完成，如果这样的话，那么整体三角型可以被解读为

9 个子浪组成 A、B、C、D、E、F、G、H、I。

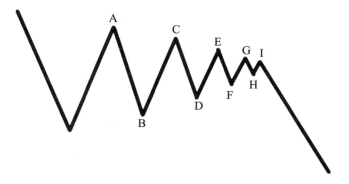

图 5-26　三角型修正浪的特征 E 浪的复合三角——9 个子浪的三角形 ABCDEFGHI

5.6　修正浪的复杂性和交替性

认定一个正在波动或变化的形态为某个特定的修正浪形态是一件相当困难的事情，因为修正浪形态要比推动浪形态有更多的变化方式。很多时候修正浪形态只能在事后再次确认、调整或修正。但是仍然有一些规律性存在于多变的修正浪结构中，这是我们在面对波动展开的修正浪形态时需要事先考虑到的。

5.6.1　交替的概念

波浪理论的交替概念指出，如果 2 浪是一个简短的单边型修正譬如折线型修正浪，那么 4 浪形态将与 2 浪形态做交替。可以是简单的横盘型修正，譬如4 浪可能是平头型修正浪、不规则平头型修正浪或者三角型修正浪，也可以是由复合型修正浪构成的复杂的横盘型修正，譬如"双三型"或"三三型"。

简单来说，如果 2 浪深度回踩且斜率较大，时间较短，那么 4 浪横盘交替，由于 2 浪时间相对较短，形态相对简单，那么 4 浪时间相对较长，形态相对复杂。时间与空间两者可以同时交替，也可以其中一个交替，这就是推动浪中交替的概念。

5.6.2　修正浪的交替原则

交替原则同样存在于修正浪形态内，比如折线型修正浪的 A、B、C 浪，其中 B 浪自身也可以是一个小一号的折线型修正浪，由 a、b、c 浪组成（如图

5－27）。

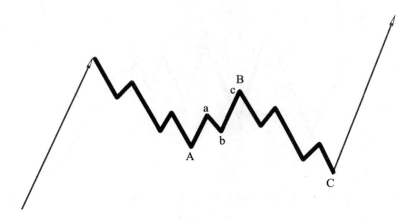

图5－27 修正浪的交替原则——A、B、C交替

此处的B浪还可以是平头型修正浪或三角型修正浪。甚至在折线型修正浪里的B浪还可以由"双三型"或"三三型"复合修正浪来完成。即修正浪A、B、C，3个浪它们的子浪可以有多种结合的方式，但是彼此之间遵循波浪理论的交替原则。我们说过推动浪里面的2浪与4浪的交替，简言之，如果2浪很简单，单边回撤度高，那么4浪将会较复杂或横盘，回撤幅度低。事实上，这些对应"不相同"的特征，人们称这种现象为"交替"。如果刚才的B浪的"小一号"折线型a、b、c由平头型修正浪、三角型修正浪，或"双三型"和"三三型"复合修正浪来替换的话，那么我们就称这样的现象为修正浪的交替。

交替原则可以应用和出现在任意一个修正浪内，交替性会出现在A、B、C修正浪内，同样可以出现在A－B－C－D－E三角型修正浪内。当我们面对一段A、B、C修正浪时，它可能出现的情况会有：

1. A、B、C修正浪可以是5－3－5，即A浪是1－2－3－4－5，5个子浪的推动型，B浪是a－b－c做平头型修正，C浪是5浪结构1－2－3－4－5。

2. A、B、C修正浪，A浪是1－2－3－4－5，5个子浪的推动型，B浪是a－b－c－d－e做三角型修正，C浪是5浪结构1－2－3－4－5。

以上2个例子虽然在B浪的内部结构细节不同，但是整体上仍然可以认定为 A、B、C 折线型。

3. A、B、C 修正浪，A 浪本身由折线型 a－b－c（5－3－5）组成，粗略一看容易以为修正浪好像已经结束似的，甚至我们已经在期待新的推动浪的接续与跟进，但事实上修正浪并没有结束，后面看到紧跟的是一个 B 浪作平头型 a－b－c 修正浪，最后 C 浪是 5 浪结构 1－2－3－4－5 的杀跌。

4. A、B、C 修正浪，A 浪本身由折线型 a－b－c（5－3－5）组成，后面跟进的是作为 B 浪的一个三角型 a－b－c－d－e 修正浪，最后 C 浪是 5 浪结构 1－2－3－4－5。

以上 4 个结构中，我们看到 C 浪的内部结构一直是子 5 浪的推动形态，在 A、B、C 修正浪中 C 浪始终保持着同样的形态，因此得名杀手浪（Killer Wave），并且这 4 种不同情况从整体形态特征来看，都近似于 A、B、C 折线型的形态。

5. A、B、C 修正浪，A 浪本身由平头型 a－b－c 组成，B 浪由折线型 a－b－c 组成，最后 C 浪是 5 浪结构 1－2－3－4－5。

相比标准的折线型修正浪的形态而言，这样的 A、B、C 修正组合整体上的形态看似更像横盘的复合型修正浪，但实际上它是 3 浪修正。

6. A、B、C 修正浪，A 浪是 1－2－3－4－5，5 个子浪的推动型，B 浪是"双 3"型复合修正 W－X－Y，C 浪是 5 浪结构 1－2－3－4－5。而"双三"内部细节还可以有更多搭配。譬如进一步细化的话，我们可以发现，"双 3"型复合修正 W－X－Y 内的 X 浪作为连接浪同样由 a、b、c 3 个浪组成，而这 3 个浪可以是折线型、平头型或三角型。

虽然以上的 6 个结构并未能穷尽修正浪的变化，但是我们已经不难发现修正浪内部结构的复杂性和交替性。修正结构的内部细节可以有各种的交替或替换都同样成立，这一点也恰恰反映了市场容易情绪化的一面。所以在面对修正结构的时候，我们应该保持思维的开放，不能拘泥局限于某一种或几种教科书式的固有结构或刻意的特定形态之中。并不是所有的修正浪都可以被简单理解为 A、B、C 3 浪结构，就像以上列举的第 3 个例子与第 4 个例子那样，经常遇到 A 浪是由折线型 a－b－c 组成，而 B 浪由横盘型修正浪组成。平头、三角和复合，它们之间是可以相互取代的。

为什么有时候这些修正浪会不断地、重复自己或者它们之间的片段，为什么反而是组合比较常见而不是简单的修正呢，那是因为市场并没有做好充足的准备，既没有基本面的支撑也没有逻辑上的推动，就会发生类似的情况，所以修正的时间会很长或更长，市场在等待中与修正中度过。

5.7 修正浪的指导原则

这一节整理总结修正浪形态的规则与它们的指标原则。

5.7.1 折线型修正浪的指导原则

1. 折线型修正浪由 3 个浪组成，A 浪是推动形态，它可以划分为一个子 5 浪 1 - 2 - 3 - 4 - 5 的动力浪结构或者一个 Leading Diagonal 的形态。

2. B 浪的内部结构可以由折线型、平头型、三角型以及复合型修正浪组成。

3. C 浪是推动形态，它可以划分为一个子 5 浪 1 - 2 - 3 - 4 - 5 的动力浪结构或者一个 Ending Diagonal 的形态。

4. 在折线型修正浪内，B 浪从来不可以回撤超过 A 浪的启动点。

5. 折线型修正浪的内部结构：推动型 - 修正型 - 推动型。

5.7.2 平头型修正浪的指导原则：

1. 平头型修正浪由 3 个浪组成，A 浪不能是三角型修正形态，三角形态不能作为修正浪的启动。

2. 平头型修正浪的 B 浪总是回撤至少 90% 幅度的 A 浪。

3. C 浪是推动形态，它可以划分为一个子 5 浪 1 - 2 - 3 - 4 - 5 的动力浪结构或者一个 Ending Diagonal 的形态。

4. 平头型修正浪的内部结构：修正型 - 修正型 - 推动型。

5.7.3 三角型修正浪的指导原则

1. 三角型修正浪由 5 个浪组成，A - B - C - D - E 浪，5 个浪中至少 4 个浪是由折线型修正浪或多重折线型组成。

2. 三角型修正浪运行在一个收敛或扩散的三角形内（A - C 连线与 B - D

连线形成三角形）。

3. 三角型修正浪至多只能在一个位置扩展，不能同时多次扩展，有且只有一个扩展位。

4. 三角型修正浪的扩展要么是 A – B – C – D 的某一位置多重折线扩展，要么是 E 浪位置的三角型修正扩展。

5.7.4 联合型修正浪的指导原则

1. 联合型修正浪是"双三型"（Double Three）或"三三型"（Triple Three）修正浪，由 2 个或 3 个基本修正单元浪组成，中间被 X 浪连接形成 W – X – Y 或 W – X – Y – X – Z 的形态。

2. 双重折线型或三重折线型是由 2 个或 3 个折线型修正浪中间被 X 浪连接而成。

3. "双三型"包括了"双重折线型"（即折线型 + 折线型），这种单边复合修正组合以及横向的"双三型"复合修正组合。

4. 横向"双三型"复合修正组合包括，折线型 + 平头型、平头型 + 折线型、平头型 + 平头型、折线型 + 三角型、平头型 + 三角型。

5. "双三型"或"三三型"可以完全替代平头型修正浪和三角型修正浪。

第六章 修正浪模式(二)

上一章我们了解学习了修正浪的形态和它们的规则，认识到修正浪的复杂性、多样性和交替性。这就带来一个问题，我们如何去测量修正浪呢，既然修正形态是如此的复杂多变，我们还能针对修正浪应用数学工具吗，答案是肯定的。通过对修正浪形态的进一步学习，能让我们达到改善进出点位与促进交易策略成熟的目的。

人们从来不会对复杂的事物停止进一步探索的脚步，问题与情况总是在不断地探索与认知中由复杂变得简单。只有不断地实践、不断地监测研习，学会适应修正浪的变化与多样，才能获得更多关于波浪理论修正浪的认知。

6.1 修正浪中的数学应用

让我们再次回到波浪理论中的数学应用上来，我们在第一章"波浪理论的概述"中1.4节已经详细讲述了波浪理论中的数学应用及斐波那契数列的由来，并在第三章"推动浪（二）"介绍了波浪理论中数学应用的原理与指导原则。强调了数学在波浪理论上的应用的三个方面：分析波浪的形态；分析波段的比值关系；分析波段的时间及翻转。

通过之前的学习，我们了解到斐波那契数列始终存在于艾略特波浪形态结构中。认识到任何一级的波浪段都是由相同或类似的分形子波段组合而成，并无尽循环——细化放大或组合收缩。

就像前面谈到的那样，（1）浪与（2）浪，它们分别对应斐波那契数列的1，1的关系。按照分形细化看（1）浪由5个子浪组成，（2）浪由A、B、C这3个子浪组成，如图6-1，共为8个浪段。

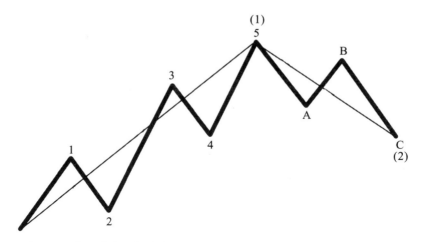

图6-1　修正浪中的数学应用——1，2，3，4，5，A，B，C为8个浪段

如图6-2，再进一步细分就是34个子浪段，再分割下去则是144个子浪段、610个……而这些数字都按照斐波那契数列分布……

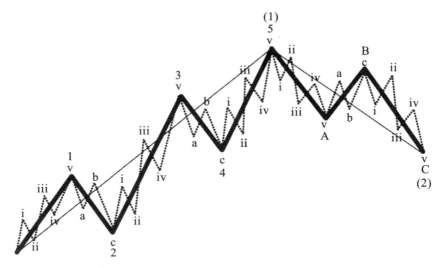

图6-2　修正浪中的数学应用——ⅰ、ⅱ、ⅲ、ⅳ、ⅴ、a、b、c为34个子浪段

根据以上波浪结构的构成原理，斐波那契数列内部相互比值的关联，在波浪理论中的应用就显得非常关键。通过这些自然数列得出的"神圣"比值意味着市场最有可能就此做出的回应，因此斐波那契数列的比值可以关联波段的判断，对波浪的预期规划起到建设性的作用。所以，在不同的波段比值关系

127

上，不同的斐波那契比值会被用来分析波段运动是否结束。典型的，在扩展型推动浪时这样的应用已经取得了关键性的成果，而这样的情况不只存在于推动浪，也同样可以应用在修正浪。

回顾常用的比值和他们的由来，在1.5节，我们已经得到比较常用的比值，数列相邻的数字的比值0.618和1.618，数列相邻间隔的比值0.382和2.618，数列相邻两位间隔的比值0.236和4.236，以及$\sqrt{0.618}$和$\sqrt{1.618}$的值0.786和1.272，另外还有0.382×2与0.618×2即0.764与1.236，等等。

小于1的比值我们称为斐波那契正比值，是在波浪回撤时使用，例如0.236、0.382、0.5、0.618、0.764、0.786。而大于1的比值称为逆比值，是在波浪的扩展上使用。

6.2 修正浪的回撤比例与预期目标

让我们看这样一个典型的5浪图形（图6-3），该5浪图形被标记为：1浪-2浪（A-B-C）-3浪-4浪（A-B-C）-5浪。我们在第五章中学习的各种修正浪形态及其组合可以充当此5浪中的修正浪。

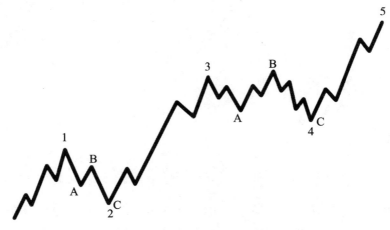

图6-3 修正浪中的数学应用——5浪中的修正浪

这样的5浪图形中有2个修正浪即2浪与4浪。图6-3是最简单典型的例子。不难看出2浪是一个A-B-C折线型修正浪，折线型修正浪简单直接、单边修正，回踩幅度深、斜率高、时间短。这样的 2 浪显得很典型，具有代表性，而 4 浪就与 2 浪很不一样，它是一个 A－B－C 平头型修正浪，并且是一个不规则平头型修正浪。因为在这个平头型修正浪里 B 浪最终超过了之前的推动浪 3 浪的峰值也就是 A 浪的起跌点，如图 6－4，而"新高"之后紧跟着的是 C 浪，它使得价格再次返回并跌破 A 浪的最低位，最后完成这个修正 4 浪。

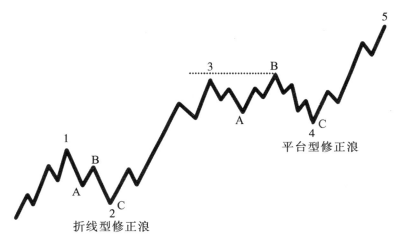

图 6－4　修正浪中的数学应用——5 浪中修正浪的具体类型

就像我们在前面章节里研判的那样，这里的 4 浪也可以是一个三角型修正浪或者可以是一个"双三型"或"三三型"的复合型（Combinations）修正浪。波浪的交替原则在图 6－4 例中得到清晰的诠释，4 浪与 2 浪看上去就很不一样，因为 2 浪时间短，幅度深，属于单边型修正；4 浪的修正时间长、幅度小、更平坦，属于横盘型修正。只要时间或者形态的情况有一类不同，我们就称 4 浪与 2 浪发生了交替。

回顾 2 浪的市场特征，当 5 浪的第 1 浪结束后，相反方向上出现了 2 浪，2 浪是由于在 1 浪上涨过程中产生了新的卖单或卖压。这个过程交易者没有意识到之前的 1 浪是一个新趋势的开始，而只是把它当作另一个简单的下跌修正或者寻常进程对待，因此 2 浪很多时候会运动得比较激烈，从而吞噬了很大一部分 1 浪的涨幅。这也就是 2 浪为何通常会深度回踩的原因。

6.2.1 现价展开在 2 浪中的处理

我们在第三章"推动浪（二）"分析过波段比值关系，2 浪回撤的预期目标与 1 浪的常见关系有（图 6－5）：

A. 0.5 倍的 1 浪；

B. 0.618 倍的 1 浪；

C. 1 倍的 1 浪即几乎全部吞噬 1 浪的涨幅（但不能跌破 1 浪的启动点 Point 0，即 2 浪不能跌破 1 浪）。

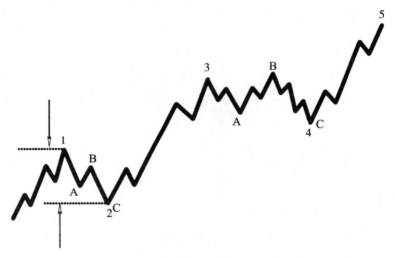

图 6－5　修正浪中的数学应用——2 浪的回撤与 1 浪的比例关系

那么如果目前现价展开在 2 浪中该如何处理呢？

1. 当发现 1 浪的子 5 浪结构完成后，应用斐波那契比值关系来"凸显"及预估 2 浪回测的预期目标位，然后在当前能得到的最高位立即做空 2 浪同时将 1 浪的最高值位置设定为空头的止损。

2. 或者等待 A 浪的下跌来再次确认，我们已经远离了 1 浪，然后等待 B 浪的折回，在 B 浪回撤 A 浪的峰值或相对高位，进入来做空 C 浪。同时将 1 浪的最高值位置设定为空头的止损。

3. 或者再等待确认，等待 C 浪的下跌完成或相对低位，进入来做多，同时在 1 浪启动位置 Point 0 设定为多头的止损。2 浪的尾端对于 3 浪而言是非常理想的进场位置，相比已经位于 3 浪的追单而言属于 3 浪的低风险进场区。

6.2.2　现价展开在 4 浪中的处理

由于 2 浪折线型修正的单边性质，交替原则已经宣布 4 浪将只是 3 浪的侧面调整或横盘修正。也许这样会让整体趋势看上去更强势。

如图 6-6，4 浪回撤的预期目标与 3 浪的常见关系有（这里针对平头型修正形态作为 4 浪的情况）：

A. 0.236 倍的 3 浪；

B. 0.382 倍的 3 浪；

C. 0.5 倍的 3 浪的涨幅。

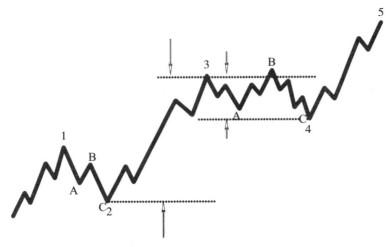

图 6-6　修正浪中的数学应用——4 浪回撤占整个 3 浪涨幅的比例关系

那么如果目前现价展开在 4 浪中该如何处理呢？

1. 当发现 3 浪及其可能的扩展结束后，应用斐波那契比值关系来"凸显"预估 4 浪回撤的预期目标位，由于之前主趋势的缘故，可能更多人愿意去寻找 4 浪的低位逢低做多。

2. 4 浪的回撤跟 2 浪回撤通常有很大的不同，由于主趋势已成，特征明显，因此 4 浪通常的回撤幅度介于 0.382 倍～0.5 倍的 3 浪的涨幅。

3. 4 浪的市场情况通常是那些错过了 3 浪的交易者试图去追多，而不得不面临市场的宽幅震荡，以及可能时间相对较长的横盘。从而使得部分交易者动摇了追仓和持有下去的兴趣。不过通过对修正浪回撤目标比例的"凸显"，并结合对整体修正形态的把握，从而达成交易5浪的目的。

4. 另外4浪的情况，一方面是那些已经吃到3浪的交易者获利了结，导致多头回补；另一方面新的交易者不断追多加入。这样的动态平衡是导致4浪横向盘整回撤比较浅的常见原因，甚至有的时候主趋势过强，4浪仅能回撤3浪的0.236倍涨幅。

当然最后，修正浪回撤幅度的比值关系是由修正浪的具体形态决定的，不同类型的修正形态比值也不同。

6.3　修正浪具体形态的比例关系

6.3.1　折线型修正浪的比例关系

如图6-7，折线型修正浪由3个浪A-B-C组成。同样的，A浪、B浪和C浪都存在相关的比值关系。但修正回撤幅度由具体修正的形态所决定。譬如，在折线型修正浪里，B浪回撤A浪的幅度，取决于B浪的具体形态，即取决于是什么修正形态组成了B浪。

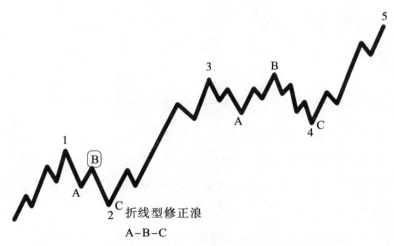

折线型修正浪
A-B-C

图6-7　修正浪中的数学应用——折线型修正浪内部的比值关系

在折线型修正浪内的B浪：

1. 如果B浪自身是由折线型修正浪组成，那么B浪回撤的幅度是A浪的50%~79%。

2. 如果 B 浪自身是由"跑三角型"修正浪组成，那么 B 浪回撤的幅度是 A 浪的 10% ~ 40%。

3. 如果 B 浪自身是三角型修正浪组成，那么 B 浪回撤的幅度是 A 浪的 38.2% ~ 50%。

在折线型修正浪内的 C 浪：

相对而言，C 浪都是由 5 个子浪组成的推动浪形态，不是动力浪形态就是 Ending Diagonal 浪形态。所以 C 浪通常是：

1. 0.618 倍的 A 浪；

2. 1 倍的 A 浪；

3. 1.618 倍的 A 浪（C 浪发生扩展）。

如图 6 – 8，不过通常看来"C 浪 = A 浪"似乎是最常见的，其次发生扩展的 C 浪是 1.618 倍的 A 浪也是正常的情况。另外值得注意的是单一折线型具有所谓的"通道性"，即整个折线型修正浪 A – B – C 均运行在同一平行通道内。通过 A 浪的起点与 B 浪的终点连线，将与 A 浪、C 浪终点连线形成一个平行通道，这被认为是典型的折线型修正浪的特征。

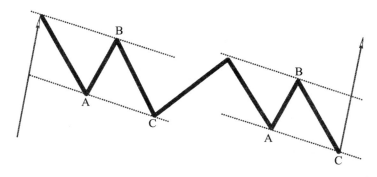

图 6 – 8　修正浪中的数学应用——折线型修正浪"C 浪 = A 浪"情况时的通道性

因此也常会采用折线型修正的通道性来预估折线型的 C 浪位置，显然这种想法也反衬出了"C 浪 = A 浪"的这种情况是最常见一种。

6.3.2　平头型修正浪的比例关系

1. 规则平头型修正浪。

如果修正浪是一个规则平头型修正浪，那么自然 A 浪、B 浪、C 浪几乎是相当的。即 A = B = C，在规则平头型中 B 浪不会反超 A 浪，但是 B 浪至少回撤 90% 幅度的 A 浪（也有教材认为这一值为 80%），C 浪在略低于 A 浪终点的位置结束（如图 6 - 9）。

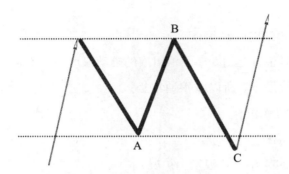

图 6 - 9　修正浪中的数学应用——规则平头型修正浪

2. 不规则或扩展平头型修正浪。

如图 6 - 10A，这里的修正浪是一个不规则平头型，那么 B 浪的回撤会反超 A 浪。

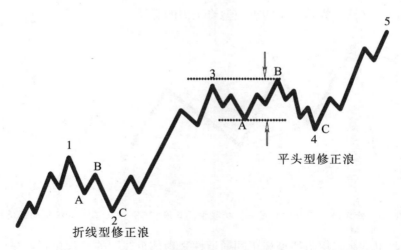

图 6 - 10A　修正浪中的数学应用——不规则或扩展平头型修正浪

这里 B 浪的幅度大于 A 浪，常见的比例关系有 B 浪幅度是 1.236 倍的 A 浪，最大幅度不超过 1.382 倍的 A 浪，这也是界定不规则平头型的一个极限值。

如图6-10B，不规则平头型的C浪相对比较长，因为要从B浪尾端"越过"A浪起点的峰值再次返回并跌破A浪的尾端，所以这里的C浪常见的将是A浪的"扩展版本"，即C浪的幅度是1.618倍的A浪。

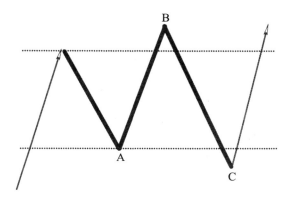

图6-10B　修正浪中的数学应用——不规则或扩展平头型修正浪

3. 跑平头型修正浪。

如果修正浪是一个跑平头型修正浪，如图6-11，那么B浪通常会比1倍的A浪幅度高，C浪并不能扩展并完成跌破A浪的尾端。跑平头型的市场特征本来就是主趋势非常的强烈，结合当时的市场氛围，C浪相当于是被截断了（但内部仍是子5浪或Ending Diagonal浪结构）。

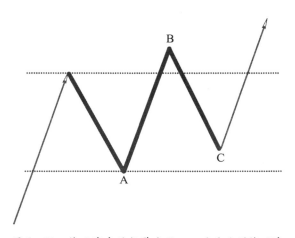

图6-11　修正浪中的数学应用——跑平头型修正浪

6.3.3 三角型修正浪的比例关系

我们知道根据三角型的形态特征可以划分为两个大类，收敛三角型修正浪和扩散三角型修正浪。

1. 收敛三角型修正浪。

不管具体是哪一种收敛三角型，收敛对称三角型、收敛上升三角型还是收敛下降三角型。如图 6－12A，典型的情况是每一个子浪，即三角形的每一个触角（Leg）是前面间隔一个子浪的 0.618 倍：

（1）E 浪是 0.618 倍的 C 浪，0.382 倍的 A 浪；

（2）C 浪是 0.618 倍的 A 浪；

（3）D 浪是 0.618 倍的 B 浪。

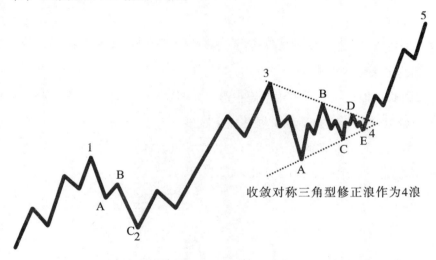

收敛对称三角型修正浪作为4浪

图 6－12A　修正浪中的数学应用——收敛对称三角型修正浪作为 4 浪

这里强调的是 A、C、E 浪之间的相互对应关系，B、D 浪之间的相互对应关系。另一种常见的情况有，每一个子浪即三角形的每一个触角都是前面一个相邻子浪的 0.618 倍。这里不再强调三角形内部的交替对应关系，那么会有：

（1）E 浪是 0.618 倍的 D 浪，0.382 倍的 C 浪，0.236 倍的 B 浪，0.146 倍的 A 浪；

（2）D 浪是 0.618 倍的 C 浪，0.382 倍的 B 浪，0.236 倍的 A 浪；

（3）C 浪是 0.618 倍的 B 浪，0.382 倍的 A 浪；

（4）B 浪是 0.618 倍的 A 浪。

即三角型修正浪的每一个子浪依次按照 0.618 倍数进行收敛。

2. 扩散三角型修正浪。

如图 6－12B，如果修正浪是扩散三角型修正浪，典型的情况是每一个子浪，即三角形的每一个触角是前面间隔一个子浪的 1.618 倍：

（1）E 浪是 1.618 倍的 C 浪，2.618 倍的 A 浪；

（2）C 浪是 1.618 倍的 A 浪；

（3）D 浪是 1.618 倍的 B 浪。

这里强调的是 A、C、E 浪之间的相互对应关系，B、D 浪之间的相互对应关系。

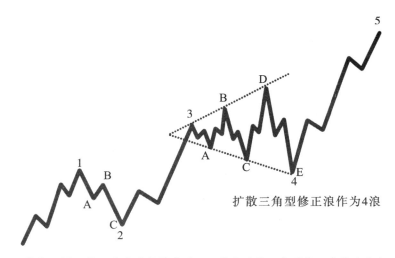

扩散三角型修正浪作为4浪

图 6－12B 修正浪中的数学应用——扩散对称三角型修正浪作为 4 浪

另一种常见的情况是扩散三角型每一个子浪，即三角形的每一个触角是前面一个相邻子浪的 1.618 倍。这里不再强调三角形内部的交替对应关系，那么会有：

（1）E 浪是 1.618 倍的 D 浪，2.618 倍的 C 浪，4.236 倍的 B 浪，6.854 倍的 A 浪；

（2）D 浪是 1.618 倍的 C 浪，2.618 倍的 B 浪，4.236 倍的 A 浪；

（3）C 浪是 1.618 倍的 B 浪，2.618 倍的 A 浪；

（4）B 浪似 1.618 倍的 A 浪。

即三角型修正浪的每一个子浪依次按照 1.618 的倍数进行扩散。

以上我们介绍了修正浪比值的计算与原理，以及典型的具有代表性的常见修正浪回撤比例关系，认识到形态与比值之间存在的重要关联，记忆形态和对应的比值关系，可能会在市场上用得到。

6.4　经典技术形态在修正浪的链接

我们在第四章 4.5 节讲述了特定的图表翻转形态，讲述了在波浪理论透视下的经典技术形态。学习了上升或下降楔形；头肩顶或底形态；双重顶或底形态；三重顶或底形态；1－2－3 翻转形态。这些都属于经典的翻转形态，它们出现在推动浪的尾端和新趋势的开始。

通过对波浪理论的学习，我们分析了这些架构背后的运行原理，波浪理论是通过提供配置架构和分形传导，不断给市场提供指令。经典的技术形态同样是波浪理论运行的结果，现在我们就来介绍在修正浪的一些经典技术形态。通过对修正浪特征的把握与学习，有助于我们更好地理解这些经典技术形态背后的运作原理，并更好地加以掌握和应用。

当我们看到价格图表，虽然有时我们都还没有"出手"，或者仍然是一头雾水的时候，但是需要明白的是，眼前的图表是可以通过波浪理论来解释和定义的。尤其是一些特殊的图形，比如三角形，上飘旗（Bear Flag），下飘旗（Bull Flag），箱体震荡（矩形形态）（Rectangle）等。

6.4.1　上飘旗与下飘旗

它们对应的波浪理论的修正结构是：折线型修正浪 A－B－C，因为折线型的通道性，所以在很多时候折线型修正浪看上去很明显是在一个通道中，那么就形成了所谓的上飘旗形与下飘旗形，因为修正浪的缘故，并不代表主趋势方向，因此上飘旗在经过"上飘通道"后，反向返回主趋势下跌，下飘旗在结束"下飘通道"后，反向返回主趋势上涨（图 6－13）。

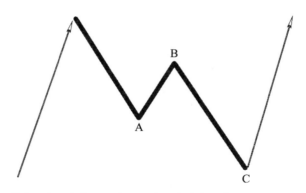

图 6 - 13　波浪理论透视下的经典技术形态——下飘旗

6.4.2　三角形

经典技术形态的三角形与艾略特波浪的三角型修正浪在结构上几乎是等同的，无论是收敛还是扩散，不管是对称、上升还是下降，它们对应的都是三角型修正浪 A－B－C－D－E（图 6 - 14）。

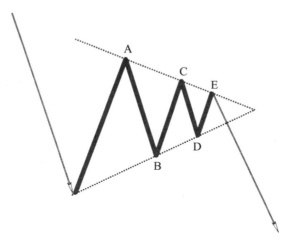

图 6 - 14　波浪理论透视下的经典技术形态——三角形

6.4.3　箱体震荡或矩形形态

箱体震荡在经典技术图形中时常被提到和用到，在艾略特波浪结构中，箱体震荡是各种横盘型修正浪，譬如平头型修正浪（图 6 - 15A）以及它的变异体，另外一部分复合型修正浪（图 6 - 15B）也被认为是箱体震荡的形态。

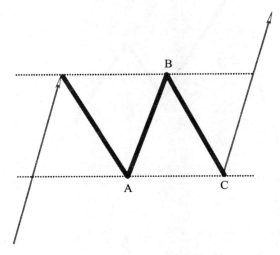

图6-15A 波浪理论透视下的经典技术形态——箱体震荡或矩形形态

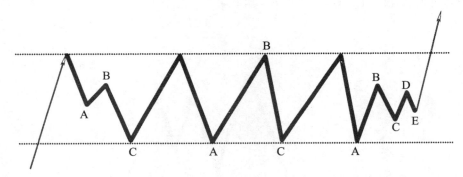

图6-15B 波浪理论透视下的经典技术形态——箱体震荡或矩形形态

通过经典技术形态与波浪理论的衔接，有助于我们在艾略特波浪系统中对它们加以识别并且对应它们可能所处的波浪序列。

6.5 通过案例认识经典技术图形与波浪理论的衔接

1. 案例1：调取欧元/美元货币对日线，时间跨度取2005年1月至5月（如图6-16）。

（1）经典技术形态三角形与波浪理论的三角型修正浪显示在4浪的位置，三角型修正浪结束后引导出最后的第5浪下跌。

图 6 – 16　波浪理论透视下的经典技术形态——三角形案例

（2）上飘旗与波浪理论的折线型修正浪 A – B – C。

第（2）浪的回撤，（如图 6 – 17）这里的波浪形态是折线型修正浪 A – B – C，经典技术图形为上飘旗，此处的（2）浪回撤了 80% 的（1）浪。

图 6 – 17　波浪理论透视下的经典技术形态——上飘旗案例

（3）箱体震荡与平头型修正浪 A – B – C。

作为（3）浪的子 2 浪回撤，如图 6 – 18，这里出现了箱体整理，波浪形态为不规则平头型，其中 b 回撤超过了 a 的起始点，然后 c 返回超过了 a 的终点。如果这里是一个规则平头型修正浪可能在形态上更接近标准的箱体或矩形。

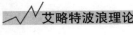

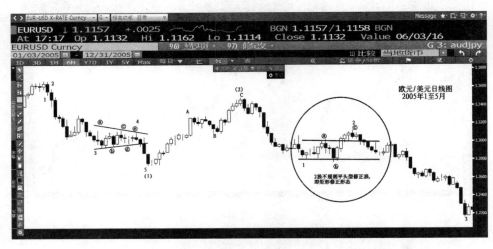

图 6-18　波浪理论透视下的经典技术形态——箱体震荡案例

2. 案例 2：调取欧元/美元货币对日线，时间跨度取 2005 年 5 月至 12 月。

（1）下降三角形，留意斜头平底形态，如图 6-19，经典技术形态三角形与波浪理论的三角型修正浪显示（3）浪子 4 浪的位置。

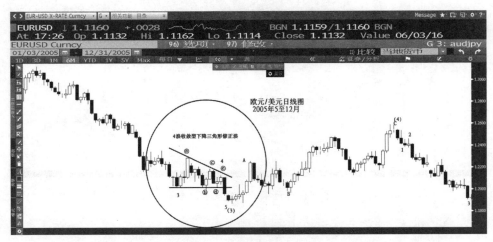

图 6-19　波浪理论透视下的经典技术形态——三角形（Triangle）案例

经典技术形态是下降三角形，艾略特波浪结构是收敛下降三角型修正浪。

（2）箱体震荡与平头型修正浪 A – B – C。

经典技术形态是箱体震荡或矩形形态，艾略特波浪结构是一个跑平头型修正浪。这里更清晰地看到了经典技术形态所描述的箱体概念，同时在波浪体系中，这里的跑平头修正浪作为（5）浪的子 4 浪横盘回撤出现，如图 6 – 20，其中 b 浪返回并跌破了 a 浪的起涨位，c 浪没有升破 a 浪的最高位（尾端）。

图 6 – 20　波浪理论透视下的经典技术形态——箱体震荡案例

（3）上飘旗与波浪理论的双重折线型修正浪 ABC – X – ABC。

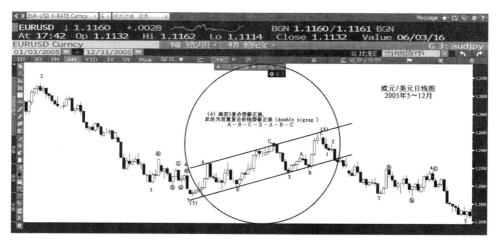

图 6 – 21　波浪理论透视下的经典技术形态——上飘旗案例

如图 6 - 21，一个巨大的上飘旗形态，这里是双重折线型修正浪 ABC - X - ABC，同时有 2 个折线型修正单元通过 X 浪组合而成的双重复合型修正浪，在经典技术形态中可以认定为上飘旗。这个单边型"双三"复合修正浪整体作为（4）浪回撤出现，之后恢复下跌的主趋势方向。

第七章　艾略特波浪的交易守则

艾略特波浪理论的主体是围绕着三个大方向展开的，第一是规则和指导原则，第二是图形形态与组织形式，第三是波动比值的或然率，即通过斐波那契数列得出的比值概率及其可能性。就像乔治·索罗斯说的那样，金融和证券犹如量子运动那样具有测不准的特性，对于市场而言是一定的，出现即成事实，但对于去准备进入市场的人们而言，能做的只是概率评估。但是这并非代表毫无章法或我们面对市场时无可作为，按照艾略特波浪理论的指引可以清晰地看到，我们能做的事情还有很多。

7.1　艾略特波浪的"三张面孔"

7.1.1　规则和指导原则

艾略特波浪理论有着非常明确的规则性和指导性原则，不仅包括了三条铁律，而且我们书中提到的任何一条规则与指导原则都是波浪理论的规范，违反了任意一条则应判定为计数错误。我们在第二章与第五章有详细的描述，这里不再重复。

就像很多常见的棋牌游戏的规则一样，这些基本的约定是不能被打破的，桥牌和围棋就是这样规则性非常明确的游戏，有些规则是不能被打破的，这也是"游戏"存立的意义。

艾略特波浪理论的规则是不能被打破的，这是波浪理论的第一个方面，这部分内容占据了理论的核心地位，是理论的基础，很多人认识波浪理论就是从理论规则开始的。

7.1.2　图形形态与组织形式

我们讲述了艾略特波浪理论体系中的推动浪和修正浪的各种具体的图形形态，它们运行在不同模式下，有着各自鲜明的形态特征。可以说应用艾略特波浪理论就是在应用一套独特的模式识别系统，当然前提首先是要读懂波浪结构的形态，然后对各种波浪图形的组合和格局加以认识和理解，最后融会贯通的对整体体系加以识别和把握。

这有点像是在下象棋，要懂得如何下象棋，首先要认识每个棋子的走法。譬如，马走日，象走田；车走直路炮翻山；士走斜线护将边；小卒一去不回还。应用波浪理论也一样，首先要认识各种图形的形态特征，我们称之为"模式识别"，然后当不同的棋子组合在一起，合围攻击或协同防御时，就需要考验我们的棋力了，这就像是对各种波浪图形的组合和格局加以识别和理解一样。

最后要把象棋下得好，爱好者还会学习一些战法或"定式"。比如，当头炮、马来跳、屏风马、士角炮、车在河上立、马在后栅栏等。在波浪理论中也是如此，这就需要我们能连贯的对整体体系加以认知，并学习一些图形战法或视图导引。

当然实战中，精通下棋的高手往往会在每下一步棋之后考虑到未来可能的2～3步棋，并思考每种可能的应对策略，通过预先的设想或假设的准备来增加获胜的概率，这一点也与艾略特波浪理论的图形形态猜测和交易守则不谋而合。当然也不要把下棋或波浪理论看得过于复杂而有畏难的想法，仍然还是有很多形态和交易机制是非常简单的，并且容易被发现或者用来交易。

7.1.3　波动比值的或然率与概率评估

波动比值的或然率，即通过波浪理论的基础原理，应用斐波那契数列得出的各类比值的概率。这部分内容，我们在第三章和第六章有详细的讲解。

通过对波段的比值计算来"凸显"预期目标值的指引，连同对波浪具体形态特征的把握，两者可以进行双向评估。既可以通过计算"凸显"目标值评估图形形态的可能性，反过来，形态决定比例关系，也可以通过图形形态的特征评估各个计算预期值的或然率。因此，通过对波动比值或然率和图形形态的特征评估，我们可以对可能出现的运动做出所谓的概率评估。

这有一点类似棋牌游戏里的"斗地主"，根据自己手上的牌并记忆已经出现过的牌，即通过已知牌推导并猜测未知牌，及对它们仍然可能出现的组合进行概率评估，从而"得视"未来的对手牌和它们组合的或然率。

"斗地主"与象棋、围棋不同，游戏中运气的成分较大；这一点与真实的市场有几分相似，但是我们不可能指望运气来赢得市场，更应该强调的是概率评估的重要性。

玩过"斗地主"的朋友们都知道，抓到一手好牌或坏牌很多时候是决定胜负的重要因素，但并不绝对，牌的组合也很关键。不过从长周期的角度看，拿到的牌并不会永远那么好或那么糟糕，短期上可能是随机的，但长期或是均衡的。打个比方来说吧，一位不怎么会打牌的朋友可能会因为抓到一局好牌而打败一位精通打牌的朋友，但是随着牌局数量的增加，比如数百局下来，那么结果就将胜负立判。原因很简单，因为精通打牌的同学更懂得如何应用扑克牌的概率评估来决定自己的出牌方式。

所以我们需要强调的是概率评估而非指向运气，在打牌中把这样的过程叫作猜牌或记牌，对于艾略特波浪理论而言，就是通过记忆和"凸显"关键比值，包括斐波那契正比值与逆比值，比方说，推动 5 浪中（2）浪回踩（1）浪的部位，它可以是 0.382 倍的（1）浪，可以是 0.5，可以是 0.618，也可以是 0.786、0.8……接近 1 等，这样的比值并不一定是特定值，而我们通过上述的目标值"凸显"对实际情况进行概率评估，就像玩"斗地主"的时候，可能我们已经知道对方手里有三个"K"，但是事先没有足够的证据证明，这 3 张牌会以什么样的方式出现一样。这显然是一个概率的问题，而我们对这些概率进行评估，最后根据概率评估拟定我们一方的出牌方式。

7.2 交易前的思想准备

我们希望用好艾略特波浪理论以便达成高概率的交易。作为上场前的准备工作，在交易前我们仍需要注意以下几个方面的内容。

7.2.1 交易需要集中注意力，交易不结束不能松懈

我们用了不同棋牌游戏的机制描述了艾略特波浪的三个不同的方面，就像上述游戏一样，要玩得好，有一个共同点就是它们都需要高度的集中注意力。战略意图和目的性非常的明确，并且在回合没有结束前不能松懈。通俗地讲就是"不下火线，不能懈怠"，在交易过程中市场最重要，回合没完，胜负未定，不应转移视线。

7.2.2 交易过程中不能产生杂讯，不要害怕交易

交易时，不要让脑袋听到杂音，不要让思想产生杂念，就像在玩游戏一样，是集中精神、消耗精力的事情，否则就容易让人动摇，如果我们在下棋或打牌时，害怕这个游戏，那么基本上就不能再进行下去了。我们不能因为玩得不够好或其他原因，而去恐惧游戏本身。逻辑上人们不会害怕一副扑克牌或一副象棋，一样的道理，我们遇到的实际情况，恐惧的并不是交易本身，而是交易计划的失败。这就触及重点，要玩好这些游戏就不得不建立优质的规划或交易计划。因此，交易过程中不要吝啬或害怕做规划或交易计划，也只有这样才能提高取胜的概率。交易过程中更不能怀疑交易机制或波浪理论本身是否出了什么问题，这会放大你的恐惧，就像害怕某个游戏一样，很难再继续下去了。

7.2.3 融会贯通"三位一体"的交易思维

可能初学者在使用波浪理论时会显得有些机械，特别是结构之间的交替转变。想要在市场中打败强劲的对手，在市场中取胜，知识的学习和保持耐心必不可少。

融会贯通"三位一体"的交易思维，打个比方就是不同类别游戏的兼顾执行，如同时要留意到桥牌或围棋的游戏规则，同时要兼顾象棋中棋盘图形形态和棋子们的组织形式，又要针对扑克牌进行可能性的评估。即同时需要考虑波浪理论的规则和指导原则，图表的图形形态与组织形式，并通过对波动比值的或然率进行概率评估。

很显然，"三位一体"的达成是经过历练后实现的，但是对新手而言似乎有些操之过急，我们宁愿首先选择的是概率评估，即针对波动比值进行测量和若干可能预期值的"凸显"。并不是一上来首先强行插入波浪理论的规则或铁

律并对波动加以标注，或者生硬地搬套图形形态与交易机制，因为在没有弄清楚状态前，宁愿停留在一头雾水状态，而不是强行注入。在理论学习过程中人们会对艾略特波浪的规则或图形印象深刻，不过交易中比值或然率与概率评估反而应用得更广泛和高效。这个问题就像是我们可能对围棋的规则、象棋的棋谱印象深刻，但是实际情况是喜欢"斗地主"的受众最广泛。因此概率评估是最高效的可选工具，有时候甚至高概率情况下"凸显"的预期目标值比实际情况来得更为关键。

7.2.4 保持开放式的思维和心态

我们在第五章讲述"修正浪交替原则"时，列举了部分修正形态的变化，不难发现波浪的复杂性和交替性，尤其容易发生在修正浪的内部，修正结构内部的各种替换都是同时成立的。对于交易过程中的波段运动，我们应该保持一个开放的心态和思维，对于某一种形态或波浪计数并不绝对化，始终要留有备选的形态或波浪计数方式。这就意味着，我们需要不断跟踪价格的进展和新的变化，紧贴着我们之前的形态设想与波浪计数。如果它走坏了，显而易见的发生了改变或错误，我们能够及时进行改变，此时备选形态就将开始生效，并再次跟进。因为我们不是在 5 浪推动形态中就是在 3 浪修正形态中，能预料到的问题可能就不是问题，没有预料到的才是真正的问题，因此即便在首选形态或波浪计数已经被关闭的情况下，值得重视的是我们仍然需要确保有足够的能力或资本进行备选交易。

7.3 艾略特波浪的交易守则

之前介绍与学习的都可以被认为是艾略特波浪理论的交易工具属性（当然艾略特波浪不仅只是交易的工具），即我们将艾略特波浪理论看作是一个交易的工具来加以学习和掌握。我们学习了波浪的三要素，比值、形态和时间；我们认识到了趋势方向和时机的重要性；我们看见了艾略特波浪的"三张脸孔"，规则和指导原则、图形形态和组织形式、波动比值的或然率和概率评估。应用波浪理论的一系列工具，我们可以看到现在所处的位置，可以看到主方向的趋势往哪里走，可以看到我们所在的周期和浪级。当然掌握并应用好这些交易工具本身需要费时费力的勤学苦练，不过我们介绍与学习的内容或交代的一切都只是为了一个目的，那就是交易。

交易本身并没有什么特别的准绳或约束，就像一个游戏一样，随时可以进或出，那么我们为什么还需要交易守则呢？什么是艾略特波浪的交易守则？它的作用是什么？在回答这些问题之前，我们首先要提出另外一些问题，那就是我们怎么样才能学会在交易中加仓？什么时候可以满仓，什么时候不可以？俗话说：人是英雄，钱是胆。关键时刻你有胆量这样去做吗？凭什么这么去做呢？常言道分析是一回事，交易是另一回事，分析靠大脑就够了，行动还需要胆子，是否你有问过自己同样的问题，如果有，说明离问题的关键处已经不远了。我想如果能正确回答这些问题，想必你就能成为一名合格的交易员或操盘手了。

7.3.1　什么是艾略特波浪的交易守则？

所谓的守则是指某一组织或行业的所有成员，在自觉自愿的基础上，经过充分的讨论，达成一致的意见而制定的行为准则。这些准则具有概括性、针对性、准确性、可行性、通俗性、正确性和约束性。艾略特波浪的交易守则就是建立在波浪理论基础上的这样的一个守则。

1. 交易守则的必要性。

（1）通过艾略特波浪的交易守则，建立在艾略特波浪理论体系基础上的系统化交易，并按照既定部署逐步达成。

（2）应用交易守则进行交易的操作，加仓、减仓、杠杆或对冲，并管理好波段的多批次交易。

（3）应用交易守则控制交易风险，设置止盈或止损。

2. 交易守则的建立程序。

前面六章内容可以说是一套称为"艾略特波浪"的交易工具，这一章内容我们学习的主要是使用这个工具，也就是针对交易技巧的锤炼。讲清楚交易这个过程显然有些复杂，因为交易者需要花费时间反复经历这样一个过程。

（1）研究标的物；

（2）制订交易计划；

（3）分析交易机会；

（4）反复练习并实践。

3. 建立交易守则的基础（理解市场才能理解交易）。

在这样的过程中，需要关注两个方面内容，一个是建立基于波浪理论的交易系统，另一个是追踪市场，让市场告诉我们交易的机会，加仓交易甚至满仓交易；若市场交易机会很少或没有交易机会时减少交易或不再交易。在弄清楚这些问题前，我们首先要明白什么是市场，就像很多孩子会问什么是宇宙，它的外面是什么，有时候，我们会把市场想象得过于复杂，高深。这样会让人感觉很吃力，甚至会害怕市场，害怕交易。因为市场有时候看上去并不友善，常常让人感到畏惧和无能为力。那么什么是市场呢？

打个比方来说，我今天花了 5 万元人民币去买了一辆二手车，因为我急需这个交通工具，我每天上班的路程很远，所以我认为这辆看起来不错的二手车要比我手里的 5 万元更重要，所以我买了。相反的，卖出这辆车的人，他的想法是相反的，他认为手里的钱要比他的车更重要，他需要这笔钱可能有更重要的用途，因此他愿意用他的车换我手里的钱，这样交易就达成了。这就是市场，市场只是一个连接，而不是其他任何东西。不用把市场看得太高深莫测，市场是一个个简单交易的连接，成百上千、几百万个交易的叠加。如果相对这 5 万元钱而言，更多的人喜欢这么一辆车，那么车子就涨价，如果更多的人喜欢的是钱，那么车子就跌价。价格随之起伏，但是价格会有个循序渐进的"模式"，市场不可能让价格突然变得特别的离谱，离谱的低或离谱的高，都是不现实的。这是就是市场的功能，不至于让价格过分的超跌或超买，不至于一时间变化到无法想象的程度。

"交易自我"与"交易市场"是两个不同的概念，我们需要理解市场，然后交易市场，而不是交易自我。

举个例子来说吧，当交易者进入市场后，发现市场没有按照自己原有的设想或思路进行运动，那么就会感觉非常的沮丧。如果"伤害"进一步加深，交易者很快就用行动来回应市场，或者有些交易者在进入市场后拿出 5 块钱来做止损，然后等待市场来"揭盅"。这就相当于是"交易自我"。事实上，我们并不应该在市场运动前就主动出击，然后等待市场给我们满意或失望的答案，因为我们并不知道市场会如何运动，我们这样做等于什么都没做，只是在"交易自我"，自己跟自己较劲。真正在市场的交易应该是，我们完全不在乎市场会往哪里走，不在乎它涨还是跌，我们只在乎交易本身。我们应该跟随市场交易，做那些市场告诉我们应该要做的交易，而不是自己认为要做的那些交易。交易就应该是我们对市场的回应而不是让市场来回应我们。

市场的驱动是由于不断地有新的信息加入市场，而"自我信任系统"和我们的大脑会主动地辨识这些信息，主观的认知很容易做出先入为主的判断，这样会容易导致我们先于市场做出反应，而这样的判断有时候可能会遇到麻烦。应该让市场自身来组织、处理这些新信息，让市场自己做出选择，并不是由我们的思维去组织这些信息，因为市场不会受我们个人思维的影响，而我们的思维只会影响自己的口袋。交易就像宗教信仰，不要过多的纠结于哪些事情是对的，哪些事情是错的，市场就是上帝，市场说我们应该买，我们就买，市场说卖，我们就卖。它存在这样的自然力量，在市场交易面前的关键就是要放弃自己的期望和顽固的想法。我们要做的只是回应市场并跟着市场走。就像《混沌交易》的作者 Bill Williams 比喻的那样，市场就像是一条狗，你只要跟着它，做它的"狗尾巴"，左右摇摆就够了。而有些人可能幻想着做它的"狗鼻子"，希望引领着市场走，那是不可能的。因此，我们并不太关心市场"这条狗"会往哪里走，就像我们不太纠结于混沌是涨还是跌，我们关注的应该是有没有跟上市场，只要知道交易好不好就足够了。这就是"交易市场"，"交易市场"的核心是让市场告诉我们该如何交易，而不是我们希望市场如何交易。

那么市场是如何来告诉我们的呢，表面上市场通过局部或不同时间框架的自相似性即分形传导、通过波浪理论的规则、通过图形架构与概率性事件的耦合，背后的原因是市场在不间断地对新信息进行处理，制造出连续无重复的混沌从而推动市场前进，并达到构建分形、传导架构的作用。这就好比是一个池子，不断有水滴注入，最后看到的却只有泛起的波纹。

举个例子来说吧，如图 7 - 1，一个小球在斜坡上运动，我们先给出了一个向前的推动力，然后小球快速地向斜坡滑滚，高度就是市场的价格，小球的速度就是动量震荡指标，小球的加速度就是加速震荡指标，当然价格的运动不是机械性的，而是连续不断地改变，在整个"运动"过程中，首先等待加速度指标的最大化，然后等待动量指标的最大化，最后我们会看到价格达到峰值。

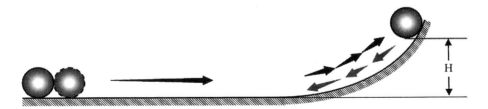

图 7-1 交易守则的基础——理解市场的运作，"斜坡滚小球比喻动量震荡与价格的关系"

小球到达最高位之后开始反向运动，价格也就此回落。这就能很好地解释为什么量价背离可以判断浪势翻转的原因，在速度或动量指标已经趋势下降的情况下高度或价格还在继续创出新高，小球的速度与高度背离之后小球开始翻转运动。当然第四章还介绍了其他判断浪势结束的方法，这里不再重复。

很显然，根据波浪理论任意5浪阶段的第3浪通常会出现动量的峰值，从而确认是加仓的良好时机，而阶段性第5浪位置往往是量价背离，即速度停止了或逆转了，但是价格仍然创出峰值。之后价格出现翻转，就像小球到位回落一样，但是整个过程并不是机械性地而是连续不断地发生。所以我们如何交易取决于市场，具体决定于市场所处的波浪段，虽然不同的波浪段最终都可以划分为5和3，如图7-2，但是它们的级别是不同的，这就决定了它们被交易的"地位"也不相同。

图 7-2 交易守则的基础——理解市场的运作，划分为"5-3波浪段"

7.3.2　艾略特波浪交易守则的作用

在解释什么是艾略特波浪交易守则时，我们已经提过交易守则是系统化的交易行为准则，遵循交易守则是为了便于进行交易的操作，加仓、减仓及管理多批次交易，同时防控风险。交易守则犹如一本市场交易的地图，不让交易迷失方向。

1. 交易守则需要我们把交易的思路或规划记录下来，或者保存在脑海里，恰当的时候应用这些步骤。

2. 它是一步一步量化了的交易计划。取位、设定、止损、止盈，都有严格的要求，这里的止损、止盈是可变的，并不属于刚才所说的"交易自我"，而是交易守则中步骤考量的一部分，包括对冲等计划失效和反制替代的措施。

3. 交易守则适用于风险控制，交易守则本身已经加载了资金管理原则，因为风险控制优先于交易守则的一切交易计划。

4. 交易守则的原理在于利益的最大化和风险的最小化。

7.3.3　艾略特波浪交易守则的风险控制

学习控制风险是学习交易守则的前提和基础，交易守则在乎利益但也应确保风险可控。

1. 学会如何承担损失，即便发生了亏损也不能代表我们是失败的，学会承担损失永远是交易的必修课。没有完美的交易，就像没有完美的人一样，交易像世间万物一样，要学会留下遗憾和缺失，学会与不完美的交易和平相处才是长久之道。

2. 如果真实的亏损发生了，应该学习如何得体的止损，不应该死抗、硬撑，否则就有"交易自我"的嫌疑了。承担损失后从容的再选择另一条路径看看，这就意味着我们在波浪计数或安排艾略特波浪系统交易时尽量会留有备选结构或替代项。没有说一定要对或者我们的波浪计数时刻都对，不得不对、非对不可，然后不断地进取、不断地索取……没有这样的事情。要保持思维的适当开放，也不是说无边无际的，还是要以理解市场、理解交易为主。

3. 在资金管理原则与风险控制的基础上，可视化波浪理论。随着练习与交易的逐渐增多可视化程度也会提高，这样就能读懂具体波浪段的市场特征。通过这样的方式融合风险控制，达成交易守则。

7.3.4 艾略特波浪交易守则的时间框架（Time Frame）设定

交易守则的应用需要首先确定交易的时间框架，好比我们看东西是用显微镜还是要用望远镜，不同的时间框架下调取的图表是不同的，交易也自然不一样。按时间框架的长短划分，通常交易可以分为短线交易或套利交易（Short-Term or Arbitrage）、中线价差交易或股利交易（Medium-Term or Swing）、长线交易或价值投资（Long-Term or Value Investing）。我们在艾略特波浪理论中也对应的有短、中、长三个不同的时间框架：

1. 短周期——日间交易（Short-Term）。

（1）选取的 K 线图表为：1 小时 K 线图或 15 分钟 K 线图；

（2）图表周期范围为：1 天至 1 周交易日；

（3）短线交易的目的在于套利。

2. 中周期——节奏交易（Medium-Term）。

（1）选取的 K 线图表为：日 K 线图或 4 小时 K 图；

（2）图表周期范围为：1 个月至 3 个月；

（3）中线交易的目的在于价格的差值。

3. 长周期——价值交易（Long-Term）。

（1）选取的 K 线图表为：周 K 线图或日 K 线图；

（2）图表周期范围为：3 个月至数年不等；

（3）长线交易的目的在于价值投资。

如果你喜欢的话，更短或更长周期同样可以使用艾略特波浪理论，但是作为日常的交易，我们并不建议这样做。通常对于较短的交易周期，1 个完整的波段单位在 5~13 天之内完成是合适的。

7.3.5 艾略特波浪理论交易守则细则

1. 系统构建艾略特波浪理论的交易系统。

（1）第一步：把交易的资金分为 10 等份，即无论资金多少，都只能最大做 10 个单位，每个单位的具体大小由等份的交易资金配额事先确定。第一步很重要，因为这样决定了我们既不会过度交易也不会懈怠交易，交易的杠杆始终在一个适度的范围内波动。

①10 等份资金，确定单位配额；

②最大交易手数为 10 个单位交易手数；

③最小交易手数为 1 个单位交易手数。

这样相当于满仓交易为 10 个单位，有助于管理交易的有序进行。值得注意的是即便是 10 单位满仓，总杠杆率亦不宜过高。

（2）第二步：选择交易的时间框架。

①短周期——日间交易；

②中周期——节奏交易；

③长周期——价值交易。

以"短周期——日间交易"为例，选择 1 小时或 15 分钟 K 线图表，选取图表的时间跨度为 1 天至 1 周的交易日，选择短周期时间框架在交易中比较常见。

（3）第三步：交易的开始，寻找 Ponit 0。

万事俱备只欠交易，此时我们需要思考一个重要的问题，交易者也时常会提出这样类似的问题，就是我们怎样才能捕获或侦测到一个完整的波浪势头运动的开始呢？然后好好地把握并及时交易它。其实，这相当于在问图表上 Point 0 在什么地方。

要回答这个问题，并不复杂，实际上捕获一个新浪势的开始就是在判断一个旧浪势的结束，即浪势的翻转就是 Ponit 0。那么怎么判断一个浪势的结束或翻转呢，我们在第四章"推动浪模式（三）"整章都在处理这个问题，即如何研判一个完整 5 浪的结束。判断 5 浪的结尾就能得到上一个趋势的结束和下一个趋势的开始这样的推定。

回顾第四章判断浪势结束和翻转的 6 种方法：通过艾略特通道技术；应用斐波那契比值凸显；通过量价背离，动量发展方向的改变；特定的图表翻转形态；EMA 均线系统在波浪理论中的应用；蜡烛线的翻转图形。所以第四章也可以称为"寻找 Point 0"。

（4）第四步：制订交易守则与交易计划。

①确定一个趋势的结束，寻找起始点"Ponit 0"；

②确定交易入口点，进入交易；

③建立止损水平；

④在特定情况，现有的位置追加；

⑤在考虑的目标位，局部获利了结；

⑥交易终止，关闭所有风险敞口，结束交易。

为了管理波段的多批次交易，我们对具体的交易加以标注和记录。在交易过程中对不同的交易注明标记，做好记录工作（如表7－1）。

表 7－1 　　　　　　　　　　 艾略特波浪理论交易计划

	入口点（B/S）	止损点（SL）	获利点（TP）
1 浪	B1/S1	SL1	P1
2 浪	B2/S2	SL2	
3 浪	B3/S3	SL3	P3
4 浪	B4/S4	SL4	P4
5 浪	关闭交易，不做任何操作		

1 浪时记录标记为 B1（若下跌趋势则为 S1），止损设置记录为 SL1，获利点或获利水平为 P1。

同样的 2 浪记录为 B2/S2，3 浪记录为 B3/S3，4 浪记录为 B4/S4，5 浪不做任何操作，关闭交易。

（5）第五步：建立艾略特波浪交易体系。

我们在交易守则的作用中提过，交易需要遵循交易守则进行操作，加仓、减仓及对冲，管理多批次交易及防控风险。交易守则的本质是交易的规划，就好比交易地图或导航仪一样，引导我们不致迷失。交易所需具备的条件就是我们之前所罗列的。

我给大家讲一个具体的例子，交易就好比是喝酒，是一件冲动而又愉快的事情。喝酒这个事件是建立在一系列主观和客观条件的基础上，比如首先要有酒，即有交易的市场；然后要有酒杯或盛酒的器皿，即有交易的约束条件；有喝酒的意愿，即有交易的意愿；控制好酒量相当于控制好风险。酒和交易就是这样一个客观存在，酒杯是交易的实际条件，比如交易资金、交易时间、交易限制等。然后喝酒的意愿相当于是我们愿意交易，有交易的意志，这不是强迫的。因为我们希望从交易中达到什么样的目的，我想如果是被迫交易就像被强迫灌酒一样，可能并不是一件让人愉快的事情。最后控制酒量就好比是在控制交易风险，我想没有人交易的目的是为了最后喝吐掉。最后，在应用波浪理论的基础上理解市场进行交易。

2. 艾略特波浪理论全波浪段的操作指导

通过判断浪势结束和翻转来确定一个波浪段趋势的结束，找到新波浪段趋势的起点"Ponit 0"，确定交易入口，进入交易。让我们来看一下完整的 8 个艾略特波浪段（1、2、3、4、5、A、B、C）应该如何操作。

（1）1 浪阶段：

在完成了对浪势的判断，即 Point 0 之后，处于 1 浪的阶段，1 浪应由 5 个子浪组成即 i 、ii 、iii 、iv 、v，如图 7 – 3A，通过分形观察及 1 浪的第一个子浪 i 的推动性，当 1 浪的子浪 i 完成后，ii 浪修正回撤，ii 浪回撤至子 i 浪的 50% 至 61.8% 位置，买入 3 个单位手数，即 B1 = +3（ + 代表买入、 – 代表卖出、数字代表单位手数，最大为 10）。

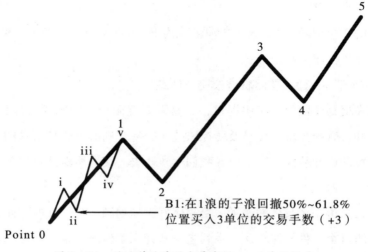

图 7 – 3A　艾略特波浪的交易守则——1 浪的操作

此时，肯定有同学会问，如果 ii 浪跌破了 Point 0 即起始点，怎么办？很简单，说明看错了。Ponit 0 错了那么这个交易机会的时间窗口就此关闭。因此，在 Ponit 0 的位置设定相反的动作，要么停止（止损）要么翻转（对冲）。

如图 7－3B，如果 1 浪的第二个子浪 ii 跌破了 Point 0，说明这里的 1 浪并不是 1 浪，Point 0 也不是真正的 Point 0，在跌破的位置卖出 5 个单位的交易手数，通过翻转把钱找回来。此时 ii 的位置有 B1 ＝ ＋3，Point 0 的位置有 S1 ＝ －5，净头寸为 2 个单位手数的空单，若损失能收回，B1 与 S1 同时了结关闭，交易结束，返回重新寻找 Point 0。

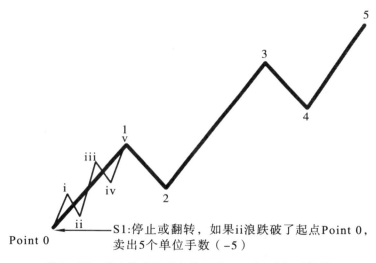

图 7－3B　艾略特波浪的交易守则——"1 浪"的操作

如果 1 浪的第二个子浪 ii 没有跌破 Point 0，B1 没有被市场"甩掉"，那么接下来就是子浪的 5 浪上升。不过此时不要高兴得太早，因为子 5 浪上涨有可能只是 a、b、c 的上涨，我们有可能会数错或认错波浪。特别留意 a、b、c 的修正反弹在波动进行过程中很容易被当成 i、ii、iii 浪，尤其是折线型修正浪 a－b－c（5－3－5），a 浪内在是子 5 浪结构，b 浪是子 3 浪结构，而 c 浪又特别像一个 5 浪的 3 浪模样。

随着 1 浪的子浪 i、ii、iii、iv、v 展开，估算确定一下子浪 v 的位置，通过我们之前学习过的艾略特波浪理论的工具，把 1 浪的尾端 v 作为目标位进行凸显（实际上，同样是在判断一个局部浪势的结束）。把这个判定当作指导，考虑目标位，局部获利了结。这里了结 B1 的 2 个单位手数，保留 1 个单位。即P1 =2，保留 B1 = +1（如图 7 –3C）。

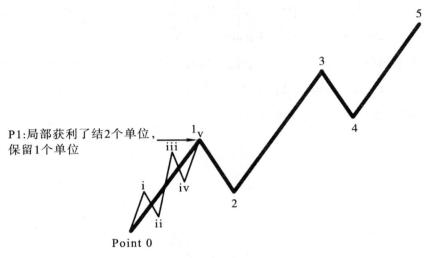

图 7 – 3C　艾略特波浪的交易守则——1 浪的操作

这里需要我们来判定 1 浪浪势的结束，通过市场描述一个完整的子 5 浪过程并表明这个小级别的推动即将结束。此时卖出 2 单位，即获利了结 B1 的 2 个单位，剩下的 B1 还有 1 个单位。为什么 B1 会留下 1 个单位手数，那是因为考虑 1 浪可能发生扩展的情况或者浪没有走完，那么说明了我们对 V 的结尾判断可能就会有误。

此时在 1 浪结束后，情况是 B1 = +1，P1 =2。

（2）2 浪阶段：

1 浪的 V 浪走完之后，紧跟的是 2 浪修正，现在我们继续寻找入场点并试图加仓。2 浪是一个比刚才描述的子浪大一级的主浪，它本身由子浪 a – b – c 组成。就像前面章节描述的那样，通常情况下 2 浪整体回撤幅度比较深，它经常会回撤吞没 1 浪涨幅的 50% ~61.8%。通过对 2 浪内在结构的观察，以及正比值关联凸显，当 2 浪回撤 1 浪的目标位买入 5 个单位手数，即 B2 = +5（如图 7 –4A）。

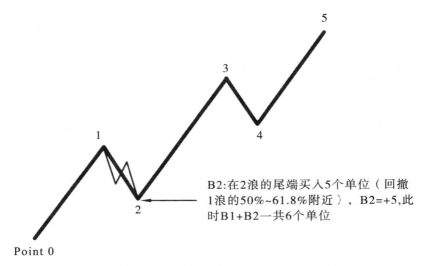

B2:在2浪的尾端买入5个单位（回撤1浪的50%~61.8%附近），B2=+5,此时B1+B2一共6个单位

Point 0

图 7 -4A　艾略特波浪的交易守则——2浪的操作

此时，我们一共有 6 个单位的手数，即 B1 = +1，B2 = +5。我们的止损或翻转的位置 S2 仍然是 Point 0。如果 2 浪跌破了 1 浪的起始点即 Point 0，那么我们止损或翻空 10 个单位手数，即 S2 = - 10，如图 7 - 4B。如果跌破，我们的情况将是 B1 = +1，B2 = +5，S2 = - 10，相当于跌破时，净头寸为 4 个单位手数的空单。

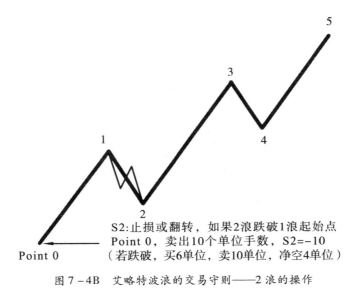

S2:止损或翻转，如果2浪跌破1浪起始点Point 0，卖出10个单位手数，S2=-10（若跌破，买6单位，卖10单位，净空4单位）

Point 0

图 7 -4B　艾略特波浪的交易守则——2浪的操作

通过翻转卖出来争夺，争取把钱"要回来"，如果发生这样的情况，一方面很显然说明了之前的波浪计数及判断错误，即 Ponit 0 的错误，另一方面这种破坏性的情况，往往是交易者把某个级别 C 浪的子 5 浪误以为是 1 浪来进行交易。它们都是子 5 浪结构，而跌破反而确认了某级别 C 浪的概率评估偏高，因此下跌仍然将较大可能的延续（C 浪的修正组成了另一级别的 2 浪或 4 浪，而跌破延续则为该级别的 3 浪或 5 浪）。

所以我们已经看到仓位在不断地变化，交易的手数在不断地改变，加加减减的过程中，从来没有超过 10 个单位的净头寸。这样我们的交易保证金就不会有过于激烈的变化，这就将风控的概念融合进了交易中。

（3）3 浪阶段：

如果我们在主 3 浪中，我们希望是满仓交易的，即 10 个单位的净头寸，在 1 浪与 2 浪阶段我们做了充分的准备，也包括风险的控制。在等待这两个阶段结束后，准备再次加仓。当价格再次喷出的时候，现价追仓，这次会在 3 浪的子 i 浪被突破后满仓。那么 B3 = +4，即 3 - i 再次被突破的时候，现价追加 4 个单位的手数，此时应该有 10 个单位手数的净多单，即 B1 = +1，B2 = +5，B3 = +4，共 10 个单位（如图 7 -5A）。

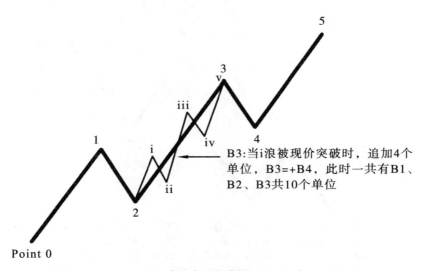

图 7 -5A 艾略特波浪的交易守则——3 浪的操作

在突破的时候追加，现在已经 10 单位满仓交易了，那么此前的 S2 已经没有用了，需要设置新的止损位或卖出位 S3。S3 设置的位置会根据价格的运动过程而改变，当价格还没有走出来时，S3 设置在 2 浪的最低位，因为当 3 - i 再次被突破后，价格不能再次返回到 i 浪的起始点，即 3 浪的 Point 0。因此，满仓交易的条件实际上是建立在对在 2 个或 2 个以上的 Ponit 0 叠加正确的判定基础上。当 3 浪的 i 浪被突破，那么它可能已经是 3 - iii 了，但也有可能仍然还是 3 - ii，但是 ii 浪的再次折回不能跌破 i 浪的起点，因为根据艾略特波浪规则，ii 浪不能回撤超过 i 的起始点即 point 0。如果被跌破了，那么我们在 2 浪的最低位即 3 - i 的起始点，卖出全部 10 个单位，即 S3 = -10，如图 7 -5B。交易时机就此结束，关闭所有敞口。

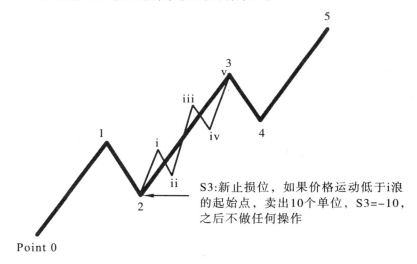

图 7 -5B 艾略特波浪的交易守则——3 浪的操作

如图 7 -5C，如果价格一旦向上走了出来，之后可能进入"3 浪"的 iv 浪修正，那么重新修订止损位，即设置新的 S3 在"3 浪"的 i 浪的尾端（峰值）。也就是 B3 现价追仓的入场位置或附近。

修正后的卖出位或止损位 S3 = -10，如果价格走出来之后仍然回到原来的位置，那么卖出 10 个单位的手数，因为根据艾略特波浪理论规则，动力浪中 iv 浪回踩不能进入 i 浪的范围。如果 iv 跌入了 i 浪，交易就此结束，关闭所有敞口。此时我们锁住了 B1 与 B2，6 个交易单位的利润，损失了 B3 的 4 个

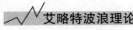

交易单位的时间价值。

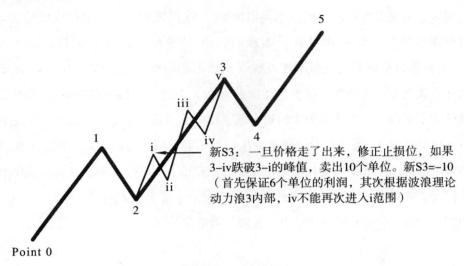

新S3：一旦价格走了出来，修正止损位，如果
3-iv跌破3-i的峰值，卖出10个单位。新S3=-10
（首先保证6个单位的利润，其次根据波浪理论
动力浪3内部，iv不能再次进入i范围）

图7-5C　艾略特波浪的交易守则——3浪的操作

当交易在3浪阶段，有一点值得注意的是一旦价格运动起来超过了100%
的1浪整体幅度，那么下一个预期目标将是1.618倍的整体1浪的幅度。如果
3浪继续向上运动，此时我们就需要对3浪进行波浪计数并使用之前学习的艾
略特波浪工具对3浪的浪势结束做出判断。一旦价格进入了我们计算凸显或概
率评估的范围，卖出7个单位手数，保留3个单位，即P3＝7（如图7-5D）。

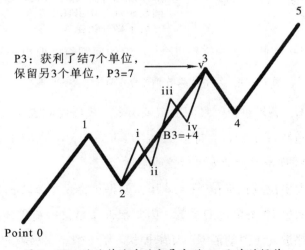

P3：获利了结7个单位，
保留另3个单位，P3=7

B3=+4

图7-5D　艾略特波浪的交易守则——3浪的操作

我们了结 7 个单位手数，留下 3 个单位的考量是担心或防止 3 浪发生 2 次扩展。而 3 浪如果发生扩展，可以在动量震动指标 MACD 或 AO 上看到动能不断的创出新的峰值。同样也可以从 3 浪内部的子浪 v 浪与 iii 浪的量价背离关系，结合判断浪势翻转的其他技术手段，共同判定 3 浪是否已经结束（如图 7-5E）。

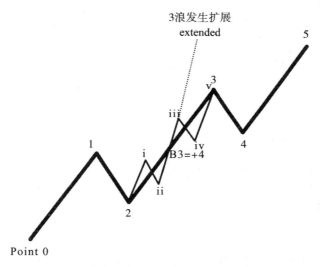

图 7-5E 艾略特波浪的交易守则——3 浪的操作

（4）4 浪阶段：

当 3 浪结束，我们期待 4 浪的展开，再次准备寻找入场点。跟随 4 浪的回撤，观察市场寻找逢低买入的交易机会。4 浪的回踩幅度取决于 4 浪的具体形态，如果 4 浪的内部结构是 a-b-c 浪，而 a 浪位置出现了一个子 5 浪的下跌，4 浪可能是 a-b-c 折线型修正浪 5-3-5 的形态，那么 4 浪回撤的幅度可能会相对深一些。如果 4 浪的内部结构是 a-b-c 浪，而 a 浪位置出现的是一个子 3 浪的下跌，那么 4 浪可能是规则的或不规则平头型修正浪 3-3-5 的形态，也可以是三角型或复合型修正浪，那么 4 浪回撤的幅度可能会相对平坦一些。有时候 AO 或 MACD 指标可以侦测到 4 浪回撤的基本条件得到了满足，但是仍不能充分证明 4 浪已经结束，尤其是当 4 浪不停地横向修正时。

B4 要根据实际的情况而决定（图 7-6A）：

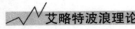
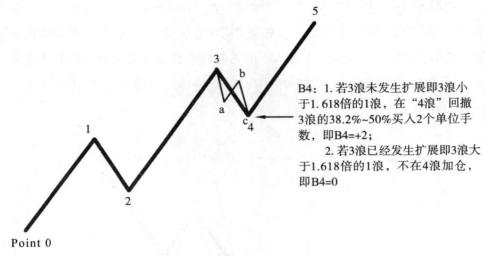

B4：1. 若3浪未发生扩展即3浪小于1.618倍的1浪，在"4浪"回撤3浪的38.2%~50%买入2个单位手数，即B4=+2；

2. 若3浪已经发生扩展即3浪大于1.618倍的1浪，不在4浪加仓，即B4=0

图7-6A 艾略特波浪的交易守则——4浪的操作

注：在一个推动浪结构里面，通常在第1浪、第3浪、第5浪的位置发生扩展，而扩展最常见发生在第3浪的位置，其次发生在第5浪的位置，最少发生在第1浪的位置。如果3浪的幅度介于1倍的1浪至1.618倍的1浪之间，那么概率评估上认为5浪发生扩展的机会将增加。

情况一：当前的3浪并没有发生扩展，即3浪的幅度小于1.618倍的1浪，4浪回撤3浪的38.2%到50%幅度的位置，根据实际情况买入2个单位即，B4 = +2。

情况二：当前3浪已经发生扩展，即3浪的幅度大于1.618倍的1浪，那么5浪不可能再发生扩展，B4 = 0，即不再增加仓位。

所以B4会根据3浪是否扩展与4浪的具体形态等情况来决定，第一种情况考虑适当加仓是担心推动浪的扩展浪发生在第5浪的位置。因为3浪并未发生扩展，并且结合4浪的实际情况，图形特征、回撤比值等综合考虑"B4 = +2"的加仓。第二种情况不在B4做单是因为一方面既然3浪已经扩展，5浪就不可能发生扩展，甚至5浪还有可能把自己隐藏起来。5浪很容易与4浪的子浪B浪相互混淆，那么5浪可以不经意的出现、结束、然后翻转趋势，贸然加仓容易增加此刻的不确定性。另一方面考虑到3浪已扩展，5浪不会走很长甚至还有可能出现被截断（失败5浪）的情况，所以，B4 = 0，不再增加任何单位手数。

因此，之前若可见的 3 浪或 1 浪已经发生扩展，那么应尽量避免在 4 浪时候重仓，5 浪的处理要格外小心，因为它可能会被隐藏、可能会被截断。

如图 7 – 6B，设置 4 浪的止损位或卖出位 S4，这需要根据我们是否买入了 B4 = +2，并针对买入的位置进行设置。通常情况下，S4 设置在 1 浪的峰值位置，因为根据艾略特波浪理论的规则，推动浪的动力浪第 4 浪不能进入第 1 浪的范围。如果 4 浪进入了 1 浪，那么波浪计数可能将出现错误，有可能之前的"1 – 2 – 3"浪是另一级别的"A – B – C"折线型修正浪，或者也有可能这波 5 浪结构已经走完，浪势已经停止并开始翻转，只是交易者自己没有察觉和注意到。所以当价格还没有走出来之前，先行设置 S4。若价格跌破 1 浪的尾端（峰值）位置，那么之前的买入单要么止损离场，要么卖出 5 个单位（情况二）或 8 个单位手数（情况一），来进行对冲操作。

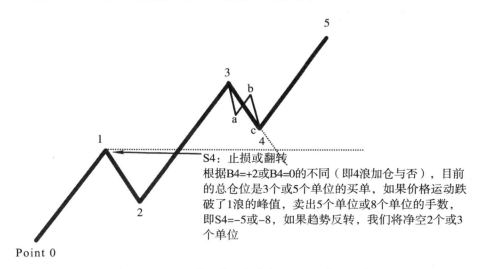

图 7 – 6B 艾略特波浪的交易守则——4 浪的操作

因此，S4 取决于 B4 的情况，即总仓位是 3 个单位还是 5 个单位。如果价格运动跌破 1 浪的峰值，那么在价格走出来之前先行设置 S4 = –5 或 S4 = –8。一旦跌破，停止或翻转就成为可能，那么价格可能会下跌得更多，我们将净空 2 个单位或 3 个单位手数。

如果价格走了出来，4 浪没有跌破 1 浪的峰值，等待最后第 5 浪的子 i 浪起来后，我们再次修订 S4 的位置，抬高止损位。

因为这是 5 浪子浪的 Ponit 0，那么 ii 浪的回撤是不能跌破 i 浪的底部的，所以我们上移新的止损位或卖出位置至 i 浪的起始位置，即 S4 = -3 或 -5（如图 7 -6C）。

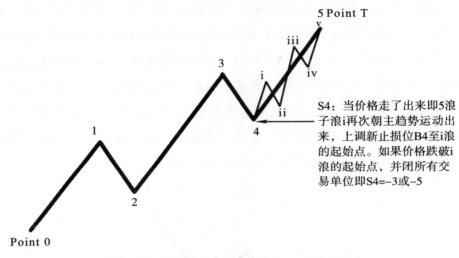

图 7 -6C　艾略特波浪的交易守则——4 浪的操作

如果价格继续往上运动，显示出可能的更多的 5 浪的子浪，比如 i 浪之后的 ii 浪回撤没有跌破 i 浪的启动点，iii 浪再次突破 i 浪的峰值往上运动，甚至价格创出新高（同时突破了 3 浪的峰值）。此时我们可以再次修正 S4 的位置，上调止损位或离场位 S4 至 i 浪的峰值位置，如图 7 -6D，因为如果最后的 5 浪也是动力浪，那么 iv 浪的回踩将不能跌破 i 浪的峰值位置。否则，这里就有可能是 Ending Diagonal 的形式来结束这最后的 5 浪，因为 iv 浪进入了 i 浪的领域。如果价格继续往上运动是 Diagonal 型的推动浪，那么上行空间也就有限了，浪势翻转或将可期，止盈被扫也不遗憾。

另外还有一种情况，若 iv 浪跌破了 i 浪也是有可能的，即当前的 i 、ii 、iii 浪并不是 5 浪的子浪，而是我们仍然还在 4 浪当中，它们或许是不规则平头型修正浪的 B 浪或者是 Runing 型修正浪的一部分。短暂的创出新高，之后修正浪的 C 浪将再次回落，把我们带回到之前认为是 i 浪的底部下方或附近位置，所以这里首要的任务是先行锁定利润，暂且观望。

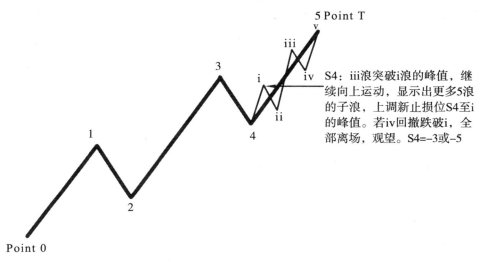

图 7 -6D　艾略特波浪的交易守则——4 浪的操作

如果 iv 浪没有跌破 i 浪的峰值，它仍是一个"合格"的动力浪，按照子 5 浪的形式，i 、ii 、iii 、iv 、v 的上行展开，此时我们就需要再次应用所学过的艾略特波浪工具凸显目标值 5 浪的位置，即 P4 = 3 或 5，如图 7 -6E。并在预期位了结所有的头寸，关闭交易。

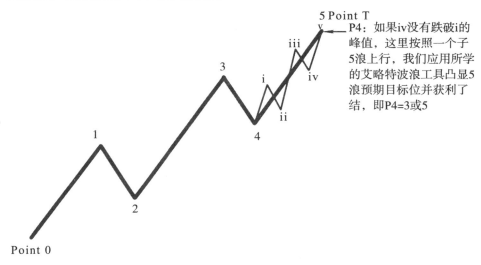

图 7 -6E　艾略特波浪的交易守则——4 浪的操作

169

自此我们完成了 5 个推动主浪的交易，在 5 浪的结尾，获利了结了仍然剩余的 3 个单位或 5 个单位交易手数。当然这是非常教科书式的理想状态下的交易。通篇看这一系列的交易手法，实质上虽然是遵照着推动 5 浪来操作（包括它们的子浪），但心里却时刻"惦记"着修正 3 浪会不会取而代之。也就是说当我们在寻找并执行着市场走出 5 浪趋势以及子 5 浪趋势的时候，即便市场最终没有给出 5 浪，实际情况只给一个 3 浪修正，那么通过艾略特波浪的交易守则，我们也很好地保护了交易。

（5） 5 浪阶段：

没有交易，只关不开。在 5 浪的位置，我们没有 B5、S5 和 P5，最后的 5 浪只是逐步关闭交易，离场观望，不做任何操作，如图 7 - 7。如果说此时还有事情要做的话，那么仅是观察浪势的翻转，寻找新的 Point 0。

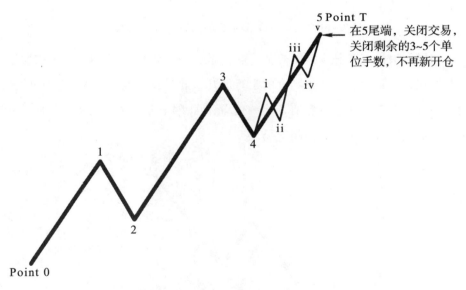

图 7 - 7　艾略特波浪的交易守则——5 浪关闭交易，不做操作

（6） 修正浪 A - B - C 的交易阶段：

交易修正浪的逻辑与交易推动浪一样。既然已经有了一段存在于主趋势方向上的 5 浪，那么我们首先可以通过 Point 0 与 Point T 来绘制斐波那契比值关系，如图 7 - 8A，这些比值位可以给我们一些目标提示和概率评估。

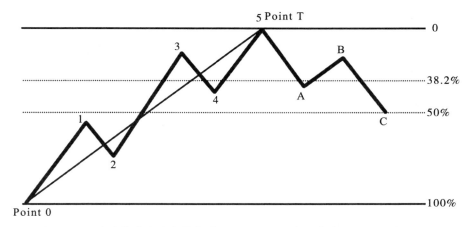

图 7－8A 艾略特波浪的交易守则——A－B－C 修正浪量测 Point 0 与 Point T 之间的斐波那契比值

我们在修正浪章节探讨过，修正浪的回撤幅度取决于它们的形态，它们的形态很大程度上取决于它们所处的位置，那么这里的主 5 浪结束后的修正浪 A－B－C，它们的回撤就需要从更宽泛的角度去寻找线索，试问之前的这段主 5 浪整体上是作为上一浪级的 3 浪还是 1 浪，或者其他。

如图 7－8B，如果之前的主 5 浪整体是作为上一浪级的 3 浪，那么这里的 A－B－C 修正浪将整体作为一个 4 浪，那么 4 浪将经常回撤 3 浪幅度的 38.2% ~ 50%。如果之前的主 5 浪整体是作为上一浪级的 1 浪，那么这里的 A－B－C 修正浪将整体作为一个 2 浪，那么 2 浪将经常回撤 1 浪幅度的

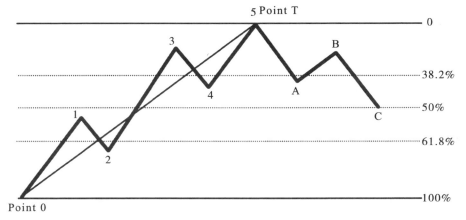

图 7－8B 艾略特波浪的交易守则——A－B－C 修正浪量测 Point 0 与 Point T 之间的斐波那契比值

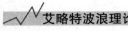

50%～61.8%。

我们期待 5 浪推动结束之后的 3 浪修正 A－B－C 阶段，自此交易就进入了 A 浪的阶段。

①A 浪的阶段：

进入交易修正 A 浪之前，我们刚判断了 5 浪的 Point T，即 5 个主趋势浪的结束，然后期待一个整体上的翻空过程。如图 7－9A，刚开始的时候，我们需要观察 A 浪第一个子浪 i，在 i 浪展开的过程中，就需要留意它的内部结构，如果 i 浪正在动态的绘制一个子 5 浪的内部细节结构，那么我们就准备在 ⅱ 浪回撤 i 浪的50%～61.8% 位置进场做空，卖出 3 个单位的手数。即 S1 = － 3，注意，在此之前 5 浪阶段的所有敞口已经关闭，现在的操作是另一交易过程的开始。

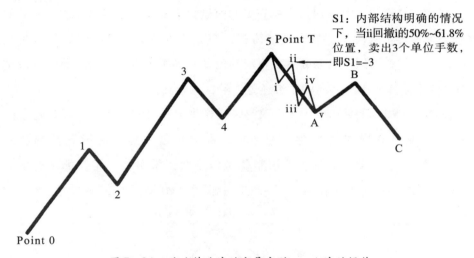

图 7－9A 艾略特波浪的交易守则——A 浪的操作

这与 1 浪的子浪阶段有点类似，如图 7－9B，此时在升破 ⅰ 浪的起始位置我们设置止损位或买入位 B1，这也是主 5 浪被翻转与结束的位置 Point T。因为根据艾略特波浪规则 ⅱ 浪的回撤不能超过 100% 幅度的 ⅰ 浪，如果 ⅱ 浪升破 ⅰ 浪的起始位，止损 3 个单位手数或对冲 5 个单位手数，因为这样看起来像是 Point T 的问题。如果升破则可能主 5 浪还没有结束，特别是在主 3 浪没有发生扩展的情况下，我们需要顾忌 5 浪发生扩展的可能，所以会适当考虑，假如 ⅱ 浪升破 ⅰ 浪，翻转净头寸的可能。

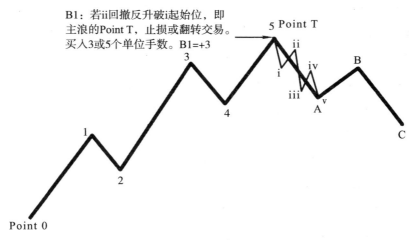

图 7 - 9B　艾略特波浪的交易守则——A 浪的操作

如果这里是 A 浪，那么价格会继续下跌。通过对 A 浪的计算，尤其是 A 浪是 ⅰ、ⅱ、ⅲ、ⅳ、ⅴ子 5 浪的形式，凸显目标位获利了结，同时暗示整体结构 A - B - C 的修正可能是折线型的单边修正，这样的话整体修正幅度会加深。

那么我们知道 A 浪一定是子 5 浪的形式吗？

回答是，我们当然不知道。如果是，那么按照子 5 浪来获利了结，如果不是，A 浪可以由子 3 浪构成，那么在ⅳ浪回踩升破ⅰ浪的尾端位置止损离场，这样也可以获得一些微薄的利润，如图 7 - 9C，说明之前的 ⅰ 浪、ⅱ 浪、ⅲ 浪

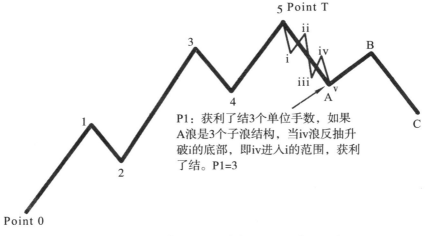

图 7 - 9C　艾略特波浪的交易守则——A 浪的操作

可能只是 A 浪的 a、b、c 浪。同时暗示这里的整体结构 A－B－C 修正可能是平头型修正浪、三角型修正浪或者复合型修正浪以及它们的变异体。

如果 A 浪是一个子 5 浪结构，那么我们期待 B 浪是一个子 3 浪的结构来修正 A 浪的子 5 浪推动，整体结构 A－B－C 修正将是折线型修正浪的 5－3－5 结构。那么 A 浪子 5 浪结束后，开始进入 B 浪的交易。

②B 浪的阶段：

A 浪的子 5 浪下跌结束后，我们开始寻找一个子 3 浪 a－b－c 组成的 B 浪的反弹，我们在 B 浪回撤了 A 浪整体幅度的 38.2%～50% 位置卖出 3 个单位手数，即 S2 = −3，如图 7－10A。但是仍然需要留心计数 B 浪的内部 a－b－c 子浪的结构细节。因为寻找 B 浪的尾端是做空 C 浪的好位置。

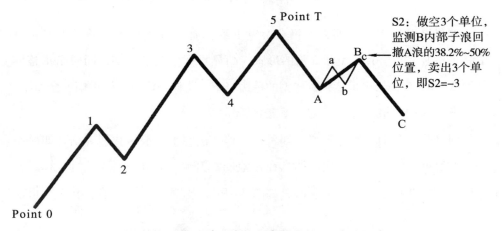

图 7－10A 艾略特波浪的交易守则——B 浪的操作

经常说 B 浪是陷阱浪，而 C 浪则被称为杀人浪，市场特性很强，推动强劲且易扩展。C 浪是用来震离主趋势方向上的中长线头寸，因此 B 浪的交易更多的是考虑寻找 B 浪的终点，来为做空 C 浪做准备。不过 B 浪有时候变化多端，一旦价格运动过高则应放弃交易 B 浪的念头。即便图形和概率评估认为 B 浪值得交易也需要针对 B 浪的 S2 设定它的止损位或离场位 SL2，如图 7－10B。即当 B 浪的价格运动超过 A 浪的 61.8% 位置或上方设置止损位 SL2，若触发则就此离场观望。因为如果价格运动得过高，B 浪是可以把我们再次带回到主 5 浪的顶端附近，甚至 Irregular 或 Running 的修正形态，B 浪可以高于 Point T，

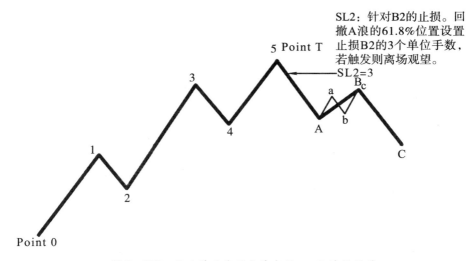

图 7 - 10B　艾略特波浪的交易守则——B 浪的操作

所以需要针对 S2 的交易提前设定止损，以便及时关闭。

　　尤其是当 A 浪由 3 个子浪组成的时候，特别需要留意 B 浪的反弹情况，因为之后的变化可能会比较剧烈。大多数情况下交易者会在推动浪上赚钱，在修正浪上亏钱。就像修正浪章节提到的那样，修正浪具有多样性与复杂性。这里我们仅仅列举了 A－B－C 是 5－3－5 折线型修正浪的交易，因为折线型修正浪交易性最强，图形最单一。不管怎样，市场运行在推动浪阶段主要是以价格波动为主，时间辅之，市场运行在修正浪阶段主要是时间消耗为主，价格辅之。通常而言，当 A－B－C 修正浪整体位于主浪的 2 浪阶段，回撤幅度相对比较深，通常回撤超过 1 浪幅度的50%～61.8%，单边修正可能性偏高，可交易程度也相对较高。反观之，当 A－B－C 修正浪整体位于主浪的 4 浪阶段，回撤幅度相对比较浅，横盘修正可能性偏高，图形构成相对复杂，变化与组合更多，可交易程度也相对较低。

　　③C 浪的阶段：

　　如果市场按照例举的折线型修正浪运行良好，市场没有附载更多的修正，没有把 S2 颠簸出来，那么带着 B 浪的 3 个单位手数我们进入 C 浪。我们仍然采用判断浪势的方法，凸显预期目标值，估测 C 浪的子 5 浪结束位置，并锁定利润。

如图 7 – 11，那么就是 P2，关闭 S2 的交易即 P2 = 3。在 C 浪的预期尾端关闭交易，不再加入新的操作，观察市场，寻找新的 Point 0，重新开始。

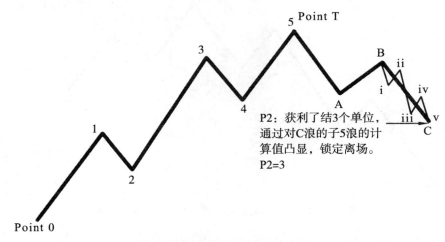

图 7 – 11　艾略特波浪的交易守则——C 浪的操作

通过对艾略特波浪交易守则的学习，使用理论预定义的方式建立系统化的交易，在加载了资金管理原则和风险可控的基础上实现了对波段的多批次交易进行管理。

7.4　艾略特波浪交易守则的小结

正常的本金交易并不是比一把谁"拗"进去的多，而是比看谁的 Alpha 曲线与实际价格贴得最紧；看谁的 Beta 值控制得更好。预测价格的波动越准确，Alpha 值就越高，当然获利机会就越多，但更关键的还是 Beta 值，也就是"部位"下得好不好才是获利的关键。即便后来的实际走势与预测结果完全一致，但如果 Beta 值很低，杠杆很小，"部位"没有下进去，那么"看法"再准确也变得毫无意义。相反的 Alpha 值比较高的时候 Beta 值不高，Alpha 值低的时候 Beta 值却很高，就会出现看对了很多次赚了小钱，看错一次重仓亏了大钱，整体还是亏损了。所以说，如果第四章是在训练我们如何贴近价格曲线及其波段，从而获得更高的 Alpha 值的话，那么本章"艾略特波浪的交易守则"则是在锤炼我们如何更好地控制 Beta 值，也就是下好"部位"。

　　另外，如果没有有效的资金管理和风险控制也是很危险的，虽然有所谓的奇迹，但"十万"变"千万"的代价往往是最后输光，对于团队而言甚至会出现集体失能的现象。交易投机的看法通常带有浓厚的情绪和感性色彩，显得比较唯心；但通过技术、逻辑、可获得的条件尤其是基准准则以及纪律的约束就相对比较唯物。有统计表明，当人们刚进入市场的时候或者在面对陌生的交易商品时候，反而容易获利，这是因为此时的交易者往往都会比较谨慎，也相对主动的遵守交易纪律；相反的，在熟悉的交易环境下，交易者反而容易"乱报明牌"、过度执着，存在"交易自我"的问题，甚至碍于一时的面子和以往的荣誉不能说变就变，失去了交易的灵活性。

第八章　制订艾略特波浪的交易日志

上一章我们讲述了艾略特波浪理论的规则及指导原则、图形与组织规则以及概率评估的重要性，并在资金管理的基础上建立了艾略特波浪的交易守则用以管理多批次交易。最后一章，我们希望把所有需要的融合到一起，最终服务于交易实践。

8.1　多重时间框架分析

每天我们面对市场在使用波浪理论的时候，只需要做我们能做的事情。即便如此，也毫无疑问的会有一些失误和荒谬的地方。不用太介意这些事情，尽量忘了它们，不应让错误成为我们继续前行的障碍。因为过去的已经没有办法再改变，我们能改变的、能选择的唯有未来，所以不能让过去（不论是好的还是坏的）成为接下去发展的累赘和包袱。要学习与不完美的交易和平共处，投资不是赌博，我们可以从错误中学习经验，但之后就要摒弃过去的错误不断地前进，否则老是纠结在过去或错误身上，束手束脚毫无意义。保持清醒的头脑，轻装上阵，逐渐改善我们的交易策略。

我们说交易要先判断浪势并寻找 Point 0，不同时间框架和波段有着不同的 Point 0，要弄清楚目前的波段到底在哪里，目前的计量片段位于全局的什么位置，这就需要从全局去了解交易的标的物，对它进行多重时间框架的分析。

启用多重时间框架分析，通常应该先从月线开始着手，调取尽可能长时间跨度的月线级 K 线图，从头看到尾。就像我们之前介绍的那样，从月线长周期图表里寻找最大级别的 5 浪，级别越大越好，越能锁定位置。然后对最大级别的 5 浪进行修正，寻找 5 浪之后是否紧跟着同样大级别的 3 浪修正 A－B－C，如果不是 3 浪折线型修正浪，那么它可能是三角型修正浪、平头型修正浪或"双三"型、"三三"型等复合型修正浪，为什么长周期图表会走成这样的形态，就像开章描述的交易树一样，自然天道，人类的自然性和社会性不由自主地将长周期趋势引导出这样的图形。记得有一位朋友说得很好，他说，"长线看人性是单一的，比较简单；短线看人性是复杂的，比较多变，有时候甚至还是自相矛盾的"。杰西·利弗莫尔也曾说过，"一切都变了但华尔街不曾改变过，因为人性没变"。同样的道理，"勿以工匠之极而夺泰山之巨"，精雕细琢的器物是一种美，泰山的雄伟则是另一种美。这就是人们常说的"大道至简""大巧不工"。所以先从大处着眼，从月线入手，先有了整体的认识后再进入局部的周线、日线、小时线。

多重时间框架分析案例与练习：

调取美元/日元货币对月线走势，取的时间跨度为 40 年长周期（自有记录以来）

从月线长周期图表中首先寻找级别最大的 5 浪，锁定位置，如图 8－1 所示，我们看到图中一条下降虚线，这部分很显然是一个下跌级别较大的 5 浪形

图 8－1 多重时间框架分析案例——美元/日元 1976～2016 年月线长周期

态，紧跟着的应该是一个 3 浪形态，但是自从 1998 年后的 10 年间，美/日似乎一直在 102 ~ 150 做类似横盘震荡并不断收敛的动作，并不像一个清晰的 3 浪形态，图形更类似一个巨大的斜头平底的收敛下降三角型。我们将这一段尝试标记为 A – B – C – D – E（如图 8 – 2）。

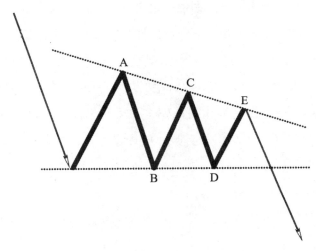

图 8 – 2 多重时间框架分析案例——收敛下降三角型示意图

图 8 – 3 多重时间框架分析案例——美元/日元 1998 ~ 2008 年月线巨大的斜头平底的收敛下降三角型

5 浪之后紧跟着一个长长的三角型修正浪，看来这段虚线部分的 5 浪还不够大，这个下降虚线所代表的 5 浪可能是某个更大级别 5 浪的主 3 浪，而它的内部结构显示出了明显的 5 个子浪的推动形态。

因此我们重新"划分"一下：

1949～1972 年战后日元执行了长期的固定汇率制度，1 美元 = 360 日元。1972 年逐步放开日元的汇价波动，自 1976 年的 1 美元 = 303 日元开始，日元因 80 年代的"广场协议"而快速的升值，到了 20 世纪末 21 世纪初的数十年间，日元始终位于低位横盘整理，直到 2011 年 10 月 31 日达到了峰值 1 美元 = 75.5 日元。长周期看"美/日"走出了一个超级 5 浪的下跌结构，这样看来日本祭出的超级量化宽松和负利率的货币政策可能会是对这个超级 5 浪进行修正，如图假设的（A）（B）（C），如图 8 - 4。保留对自 1976 年以来"美/日"货币对长周期可能的结构印象，感受一下目前的波段到了哪里，我们可能位于全局的什么位置，需要的话再进入周线、日线细化……

图 8 - 4　多重时间框架分析案例——美元/日元 1976～2016 年月线长周期

如图 8 - 5，思考英镑/美元货币对，其可能的长周期结构（英镑/美元 1986～2016 年月线长周期）。

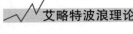
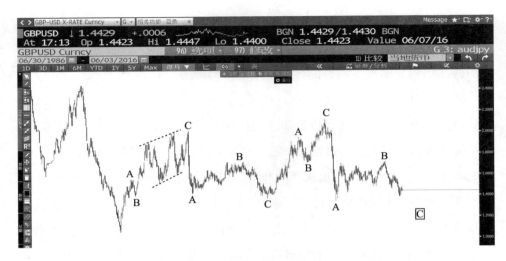

图8-5 多重时间框架分析案例——英镑/美元1986~2016年月线长周期

8.2 艾略特波浪的交易日志

使用艾略特波浪理论来建立日常的交易日志，寻找交易节奏。我们希望把交易通过艾略特波浪来理顺，使用波浪理论的工具性结合个人所擅长的技术分析，首先判断不同时间框架下浪势的结束和翻转，试图寻找 Point 0，然后把交易守则加载到交易中去，这是建立任何时间级别交易的前提。记录交易日志是交易的盘后作业，尽量坚持做、多做、常做。做好日常作业就能更好的确认我们所处波浪段的位置。

交易日志需要不断的回顾、检查和更新。随着时间的展开，图表不断地会有新的交易信息加入系统，这样我们就可以进一步确认预定义的波浪，同时更正原有错误的波浪计数。即使图表的走势与预定义的情况一模一样，也需要反复审视交易的时机以及实际值与凸显值之间的差异。因此，建立艾略特波浪交易日志的目的是为了更好地执行这些交易。

交易日志是跟进市场节奏的好方法，它通常包括日常自查表单与交易计划表单。中国人有句老话叫"读书百遍，其义自见"，同样的道理，通过日常自查表单自然会"酝酿"出各种各样的试图或期望执行的计划表单。交易从来都不是一件容易的事情，作为坚持不懈完成作业的回报，通过观察到的市场现象做出一些对市场的跟进或回应，也是无可厚非的。也许只有通过这样的方式才能达成知行合一的目标。

当然没有人能够永远正确，所以得体的承担错误交易带来的损失始终是交易的必修课。如果我们对市场的响应是错误的，也遵循交易守则进行风险管控，去除交易上的负面情绪，再次回到交易日志上来。同时，错误的信息也会被记录在日志上，既然是错误的信息自然就无法被继续执行下去了。

设定交易的时间框架，回顾"交易守则"章节。交易的时间框架通常分为短、中、长三个周期进行。

1. 短周期——日间交易选取 K 线图。

1 小时 K 线图用来看整体，15 分钟 K 线图用来做交易，留意观察 5 分钟线的子浪结构，交易周期为 1 天至 1 周交易日不等。

2. 中周期——节奏交易选取 K 线图。

日 K 线图用来看整体，4 小时 K 线图用来做交易，留意观察 1 小时或 15 分钟线的子浪结构，交易周期为 1 个周至 1 个月不等。

3. 长周期——价值交易选取 K 线图。

周 K 线图用来看整体，日 K 线图用来做交易，留意 4 小时线的子浪结构，交易周期是 1 个月至 1 年不等。

这里我们按照中周期——节奏交易来举例制作交易日志的表单：检查日 K 线看整体的表单；4 小时 K 图的交易计划表单；检查 1 小时和 15 分钟线的子浪结构表单。

使用日 K 线作为观察整体，这是第一张表单，不是一上来就直接奔着数浪而来，表 8-1 表单（一）主要是为了观察整体的支撑位水平与阻力位水平，测量主要的斐波那契正比值与逆比值位。

表 8－1　　　　　　　　交易日志表单（一）日线自查表单 A

行情/日期	等级	加注
大致上的趋势方向	上还是下	可以用 5 日移动平均线与 13 日均线交叉判定
准备的新闻事件或即将释放的消息面信息	期待的趋势方向 事后实际走出来的方向	记录市场的二次反应，市场解读的走势
注明长线的支持位：S1、S2、S3	可以是之前的低位，可以是图形指出或绘测得来的峰值	你怎么看待现价水平，寻找价格移动的屏障区域或枢转区域
注明长线的阻力位：R1、R2、R3	可以是之前的高位，可以是图形指出或绘测得来的峰值	把这些区域位置标注进图表上来。并作为"自查图表"保留下
绘制斐波那契回撤比值位：常用的 38.2%、50%、61.8% 额外的 23.6%、78.6%。扩展比值：100%，168.1%、127.2%	在最新的波幅运动上绘制这些常见的比值位置	另外，在价格比值的测量与绘制过程中，留意日线的时间与斐波那契数字之间是否存在关联

注：市场的交易信息与资讯没有办法做到完全的对称，资讯的价值不在于信息本身而在于甄别它们的价值，即不针对事件或新闻的本身进行分析，而是针对事件或新闻发生后导致的群体行为和市场如何解读进行分析。

　　艾略特波浪在日线上的计数检查，这可能会决定我们所在的位置，也可能会牵连到之后的执行。我们希望把价格图表的图形看作是一个个"触角"的组合与连接。而每一个新长出来的"触角"都有必要被记录，对于图表交易而言每一个"触角"都是"身体"的一部分，通常需要把这些"触角"切换到更小的时间框架下对它们做进一步的检查。这样的匹配可以提升看整体自查表单的质量，这并不轻松，因为这已经可以在遵照交易守则的基础上触发随后的交易行为。

　　波浪的维度：

　　如图 8－6，我们都知道维度的概念，一个点是零维度，一条线是一维的，一个面是二维的，一个立方体则是空间概念的三维，那么我们交易的价格曲线是几个维度呢？我们都知道价格只有两个方向，要么"往上"要么"往下"，难道价格的展开只是一维的吗？如果是，那就是线体，事情就变得简单很多。

图 8 - 6　价格展开的维度——维度的概念

很显然价格的波动并不是简单的一维，如果我们把它的波动看作是图形的话，那么它接近于二维（图 8 - 7）。事实上，它还加载了时间，价格的波动是随着时间的展开而展开的。根据海外的研究表明价格曲线的维度应是介于1.75 维 ~ 2.25 维之间。因为需要考虑在时间层面上的展开，所以交易有时候让人感觉并不容易。可能表面上的波浪理论过于强调图形或波浪计数规则，让人停留在死板的图形上面，眉毛胡子一把抓，这就导致了让人有难以用好波浪的感觉。事实上，交易应该是把维度切割开，通过降低维度来降低交易的难度。

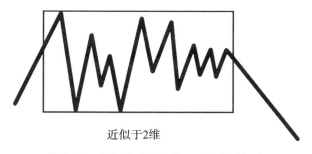

近似于2维

图 8 - 7　价格展开的维度——维度的概念

表 8 - 2　　　　　　交易日志表单（二）日线自查表单 B

行情/日期	艾略特波浪形态	加注
通过寻找 Point 0，即 1 浪的起始位置，再等待 2 浪回撤斐波那契比值 50% ~ 61.8%，确认 2 浪的内部结构（切入小时或分钟图）并体察入场点	确认修正浪的图像形态，折线型修正浪还是双重折线型修正浪或者是三重折线型修正浪	标注修正浪，注明 A - B - C 浪的位置，回撤时，记录它们并更新图表，跟进发展
当图表运行 3 浪超过 100% 1 浪的高度，那么凸显扩展： 1.618 倍的 1 浪； 2.618 倍的 1 浪； 与实际情况做比对	我们在哪里开始进入第 3 浪的？那么 3 浪是否发生了扩展，记录下来	我们是否有加仓，这里的仓位是否做到最大，这里可以做的最大单位交易手数是多少

行情/日期	艾略特波浪形态	加注
4浪的回撤水平，斐波那契回撤常见比值38.2%、50%，实际情况比对	确认修正浪的图像形态，是哪种修正形态，平头型、三角型，还是复合型修正浪需要具体描述出来	寻找与2浪交替的特征。走出来之前便留意波浪发生交替与否
对于5浪与其终点计算格外重视，特别对5浪的子5浪进行计数，甚至是子浪的最后子5浪也进行计数，寻找5浪的结尾即Point T。 5浪的凸显比值：0.618倍、1倍、1.618倍的1浪，0.618～1.618倍的1浪－3浪的总长	确认5浪的图形，它是不是Diagonal浪来结尾，还是第5浪是扩展推动浪，还是被截断的失败5浪	遵照交易守则，5浪出而不进，等待趋势的结束，Point T逻辑上可以看作新的Point 0，不过实际交易需要等新的趋势走出来之后，再回到交易守则，再确认Point 0，而Point T的寻找则先考虑离场清算，再考虑新趋势的开始

因为我们选择的是中周期（节奏交易），所以除了用日K线看整体外，交易日志需要针对4小时K线图进行自查（同理其他的交易周期依照时间框架降级处理制作自查表单），这是日线检查表的进一步延伸，表8-3是在日线检查"看整体"基础上的进一步深入。

表8-3　　　　　　交易日志表单（三）4小时线自查表单

行情/日期	看多/上行突破位	看空/下行突破位	加注
A. 是延续趋势的中继图形形态：三角形、上飘旗、下飘旗、箱体震荡等（中继修正是否是日线的2浪/4浪位置，是否延续趋势或最后的5浪未出现，趋势还会继续）； B. 还是翻转的终结图形形态：Ending Diagonal 1－2－3顶/底、头肩顶/底、双头顶/底等（翻转形态是否是日线的5浪位置，是否趋势即将结束，如果趋势尾的5浪出现子5浪，那么通过艾略特通道规则，如果不是，图形形态是什么）	到"某位置"看多，设置值为_____，上行突破。上行过程是趋势中继还是趋势翻转，具体是什么图形	到"某位置"看空，设置值为_____，下行突破。下行过程是趋势中继还是趋势翻转，具体是什么图形	

续表

行情/日期	看多/上行突破位	看空/下行突破位	加注
EMA 均线系统，通过斐波那契序列的指数平均数指标 8、13、21、34EMA 指标系统，较长趋势可以引用 55、89EMA 均线	若指标交叉上行，记录或预设值为_____突破	若指标交叉下行，记录或预设值为_____突破	8/13 与 21/34 实际交叉位
震荡指标： AO、MACD、RSI 及其他动量指标，寻找 5 浪背离来完成趋势 弄清每个指标的用途，它们有各种的独特性需要区分	动量在 3 浪位置最大化，记录或预设值为_____	动量在 4 浪回撤 0 轴附近（-10%~40%）基本满足记录或预设值为_____	记录 3 不背离 5 背离起始位，记录或预设值为_____
蜡烛图的翻转图形或趋势图形记录翻转或延续位置值为_____	趋势图形判断 3 浪或 5 浪延续	翻转图形辅助判断 5 浪的结尾	具体是什么图形？
绘制斐波那契回撤比值位：38.2%、50%、61.8% 额外的 23.6%、78.6%，扩展比值：100%，168.1%，127.2%	回撤比值位置_____	扩展比值位置_____	在最近的波幅运动上绘制并保存
对小时图进行艾略特波浪的计数即数浪，包括其子浪	1、3、5 浪位置	2、4 浪位置	评注

因为选择举例的是中周期（节奏交易），因此在交易日志记录日线图和 4 小时图自查表外，针对 5 浪的子浪 v 内部再次降低时间框架制作自查表单。这是检查 5 浪的最后子浪 v 的细节，即 5 - v 的内部图形结构，把局部的 4 小时图的 v 浪当作整体，进一步深入检查 1 小时或 15 分钟线的子浪结构。

比方说日线检测出了一个完整的 5 浪加 3 浪的标准形态，那么 4 小时检查的则是它们的子浪 i、ii、iii、iv、v、a、b、c，而 1 小时或 15 分钟检查的是子浪的子浪，我们交易层面确定在 4 小时，即交易守则加载在 4 小时 K 线图表，而 15 分钟只是用来检测并不做交易，并且不应该再深入到更细的时间框架，深入更细反而没有实际的意义，也需要为时间与效率考虑。

15 分钟线自查表（表 8 - 4）单要做的事情与 4 小时自查表单是一样的，不同在于时间框架切换到 15 分钟，而选取的部位更具体，针对性更强，目标更明确。当价格运行到最后的第 v 浪，通过 4 小时表单看到的那样，出现了各项指标显示 iv 浪已经满足，而开始进入 v 浪阶段，当价格走进子浪内部部分就可以为子浪的最后细节做好表单准备。

表 8 – 4 　　　　　　交易日志表单（四）15 分钟线自查表单

行情/日期	看多/上行突破位	看空/下行突破位	加注
A. 是延续趋势的中继图形形态：三角形等； B. 还是翻转的终结图形形态：Ending Diagonal 等（趋势是否即将结束，如果趋势尾的 5 浪出现子 5 浪，那么通过艾略特通道规则，如果不是，图形形态是什么）	到"某位置"看多，设置值为_____，上行突破。上行过程是趋势中继还是趋势翻转，具体是什么图形	到"某位置"看空，设置值为_____，下行突破。下行过程是趋势中继还是趋势翻转，具体图形	
EMA 均线系统，通过斐波那契序列的指数平均数指标 8、13、21、34EMA 指标系统	若指标交叉上行突破，记录或预设值为_____	若指标交叉下行突破，记录或预设值为_____	8/13 与 21/34 实际交叉位
震荡指标： AO、MACD 等动量指标，寻找 5 浪背离来完成趋势	动量在 3 浪位置最大化，记录或预设值为_____	动量在 4 浪回撤 0 轴附近基本满足记录或预设值为_____	记录 3 不背离 5 背离。记录或预设值为_____
蜡烛图的翻转图形或趋势图形记录翻转或延续位置值为_____	趋势图形判断 3 浪或 5 浪延续	翻转图形辅助判断 5 浪的结尾	具体图形
绘制斐波那契回撤比值位：38.2%、50%、61.8%额外的 23.6%、78.6%；扩展比值：100%、168.1%、127.2%	回撤比值位置_____	扩展比值位置_____	在最新波幅运动上绘制并保存
对 15 分钟图进行艾略特波浪的计数	1、3、5 浪位置	2、4 浪位置	评注

　　　　注意：交易层面在 4 小时，15 分钟表单只判定不交易，且不再深入更短时间框架。

　　最后一张表单——交易计划表单（表 8 – 5），所有的内容都是围绕着交易展开，之前的学习、交易守则、图表分析等等，犹如是日常的学习和积累，而交易表单像是答题卡，交易的结果就是我们的成绩单。

　　根据自查表单和图表分析的意见，遵循交易守则得出交易建议，跟随市场，做市场想要我们做的，这对交易至关重要。就像考试一样，如果没考好，可能会有主观的、客观的、随机的、突发的，各种不可抗拒的因素，但是至关重要的一点，只是因为平时的努力没有到位。交易也是一样，如果交易做得不够好就是交易日志没有到位，如果遵行了交易守则，执行了交易计划，那么交易应该是自然而然的。交易计划也有助于剔除交易情绪和外在的影响。

表 8-5　　　　　　　　交易日志表单（五）4 小时线交易表单

行情/日期	交易 1	交易 2	备注
跟随自查表单和图表分析的提议（遵循交易守则）	寻找并交易 ii 浪，当回撤 i 浪的 50% ～61.8% 位置		
进入策略：日线自查单 1 与 2 同趋势； 头寸规模：单位手数，多或空； 执行价格	B1，B2，5 个单位或遵守守则	B3，高过 3 浪的子浪 i，加 5 个单位，或遵守守则	起始交易在 c 浪下跌结尾处买入，它属于 ii 浪的 a、b、c 浪。通过 4 小时自查表寻找进入点
退出策略： 止损位置：单位手数和价格； 获利离场目标 1：单位手数和价格； 获利离场目标 2：单位手数和价格	若跌破 Point 0 卖出 5 个单位；若达到 3 浪预期目标位卖出 7 个单位或遵守守则	根据交易守则和时间的展开，自 Point 0 步骤的上调止损位置	保留 2 个单位，5 浪扩展或 3 浪扩展。通过 4 小时或 15 分钟自查表步骤上调止盈部位或遵守守则
获利和损失个人总结与改进	总结经验	总结教训	交易完全关闭后方才记录

　　交易表单（交易计划表单）不需要太烦琐，只是交易的记录及计划交易的信息，其他该做的，如资讯、技术指标、图形分析、波浪计数等在自查表单完成。以上包括"日常自查表单"与"交易计划表单"的五张表单以及制作过程中保存或打印的图表就是艾略特波浪交易日志的全部内容。

8.3　结束语

　　回顾整个过程，第一章波浪理论的基础，我们从分形到混沌，从原理到运作过程，从运作到三大参数，从参数到波浪的节奏、图形与组合性，讲解了斐波那契数列及其应用、基本波浪的特征与波浪的标记。第二章是推动浪的结构，分类和特征，截断和扩展，规则和指导原则。第三章是推动浪的数学应用，从比值关联推广到预测与凸显目标值应用。第四章是判断浪势的结束与翻转。第五章是修正浪的结构、分类和特征、规则和指导原则。第六章是修正浪的数学应用，相关图形的比例关系。第七章是应用波浪在交易方面的内容，"三张脸孔"、资金管理、进出规则、多批次交易的管理，最后总结为交易守则。第八章是把所有内容联系到一起，把心动变成行动，制定了日常的交易日志，检查或执行。

通过对图形的学习，观察现价运动的展开方式，完全可以体察到波浪理论的存在。人们常说艾略特波浪理论是大道至简的自然法则，确实如此。它可以改善我们对事物运作的看法和对形势的判断，一旦会了那么永远都会，这个过程就像学骑自行车一样，刚开始也许并不容易，可能会跌倒，"个别的以后就告别自行车了"。多多的练习，就像自行车，会了就随时的拿来用用。通过这样的学习，我想每个人都可以作出优秀的艾略特波浪的分析图表。

附　录

艾略特波浪词汇表（中英文对照参考）：

1. Ralph Nelson Elliott 拉尔夫·尼尔森·艾略特

2. A. Hamilton Bolton 汉米尔·波顿

3. Robert Prechter 罗伯特·普林切特

4. Benoit B. Mandelbort 本华·曼德博

5. Fractal 分形

6. The Fractal Geometry of Nature 自然分形几何学

7. Robert. Balan 罗伯特·巴朗

8. The Wave Principle 波浪理论

9. Elliott Wave Supplement 艾略特波浪的补充

10. Momentum 动量

11. Elliott Wave Principle 艾略特波浪理论

12. Elliott Wave Principle Applied To The Foreign Exchange Market 艾略特波浪理论在外汇交易市场的应用

13. Glenn. Neely 葛兰·尼利

14. Mastering Elliott Wave 精通艾略特波浪

15. Bill. Williams 比尔·威廉姆斯

16. Chaos 混沌

17. Trading Chaos 混沌交易

18. Steven W. Poser 史蒂文·波泽

19. Applying Elliott Wave Theory Profitably 应用艾略特波浪理论获利

20. Pattern 模式、图形模式

21. Cycle 周期

22. Wave 波浪

23. Impulse（Wave）推动（浪）、推动型

24. Corrective（Wave）修正（浪）、修正型

25. Termination 终点、终结

26. Sharp Correction 单边型（修正）

27. Sideways Correction 横盘型（修正）

28. Zigzag 折线型（修正浪）

　　注：形表示形态、型表示类型。折线型，折线表达了形状的意思，型代表是它所属的类型，故而作者称之为折线型而非折线形。

29. Flat 平头型（修正浪）

30. Regular Flat 规则平头型（修正浪）

31. Irregular or Expanded Flat 不规则或扩展平头型（修正浪）

32. Running Flat 跑平头型

33. Triangle 三角型（修正浪）

34. Contracting 收敛的、收缩的

35. Expanding 扩展的、扩散的

36. Symmetrical 对称的

37. Ascending 上升的、向上的

38. Descending 下降的、向下的

39. Contracting Symmetrical Triangle 收敛对称三角型（修正浪）

40. Contracting Ascending Triangle 收敛上升三角型（修正浪）

41. Contracting Descending Triangle 收敛下降三角型（修正浪）

42. Expanding Symmetrical Triangle 扩散对称三角型（修正浪）

43. Combinations 复合形（修正浪）

44. Double Zigzags 双重折线型（修正浪）

45. Triple Zigzags 三重折线型（修正浪）

46. Double Three 双三型（修正浪）

47. Triple Three 三三型（修正浪）

48. Double Three Combinations（Double Three）双重复合型（双三型）（修正浪）

49. Triple Three Combinations（Triple Three）三重复合型（三三型）（修正浪）

50. Convergence 会聚的、收拢的

51. Divergence 分叉的、背离的

52. Combinations 联合形修正浪

53. Motive Wave 动力浪

54. Diagonal 斜纹型或对角线型推动浪

55. Truncated（Failure）wave 截断（失败）浪

56. Direction & Timing 方向与时机

57. K 线组合名词对照

　　Piercing Line 刺入线型

　　Dark Cloud Pattern 乌云盖顶型

　　Engulfing Pattern 吞噬线

　　Hammer 锤子线

　　Hanging Man 上吊线

　　Inverted Hammer 倒锤子线

　　Shooting Star 流星线

　　Harami 母子线

　　Doji 十字、十字星

　　Star 星型

　　Morning Star 启明之星

　　Morning Doji Star 十字启明星

　　Evening Star 黄昏之星

　　Evening Doji Star 十字黄昏星

　　Abandoned Baby 弃婴型

　　Tri-Star 星三角

Kicker 踢脚线

58. Reverse 翻转了、反向

59. Complex 复杂性

60. Alternate 交替性、替代性

61. Leg 触角

62. Perspective 透视、洞察、画法透视

63. Time Frame 时间框架

64. Multiple Time Frame 多重时间框架

65. Arbitrage 套利

66. Specific 显著的特性

67. Drawing down 延伸

68. Column 圆柱、纵列

69. Nomenclature 系统命名法

70. Trade journal 交易日志

71. Trade checklist 交易自查表单

72. Review 回顾复审、复检

73. Expected 预期要发生的事情、已经被期待的事

74. Actual 现行的、实际的情况

75. Note 加注

76. Barriers 障碍、壁垒

77. Figure 数字计算出、推测指出

78. Ideally 理论上、理想情况下

79. Textbook 教科书式的、规范标准的情况

80. Nonsense 荒谬无意义的行为

81. Revise 修正更改、修订

82. Dynamic 动态的、不断变化的

83. Exchange 交换、互换

84. Partial 部分、局部的

85. Take profit 获利了结

86. Take losses 承担损失

87. Entry 进入

88. Entry point 交易进入点

89. Add-on 追加

90. Existing 当前、现价

91. The emotions of investors 交易者的交易情绪

92. Predominant psychology of the masses 占主导优势的大众心理

93. Probability 概率、或然率

94. Visualize 可视化、观想、设想并形成思维图像

95. Previous 先前的

96. Setups（设置）交易机制

97. Recognition 识别（模式）

98. Assessing 评估、自我评价

99. Swing 摇摆、摆动

100. Divide 划分、分隔

101. Gracefully 优雅地、得体地

102. Confirm 确认

103. Intraday 当天内的、一日之内

104. Medium 中等的

105. Establish 创建、建立（部位）

106. Anticipated 预料过了、过早的考虑到一件事情

107. Quantifying 定量法、量化交易

108. Competent 胜任的、有竞争力

109. Systematic 系统化的交易

110. Approach 接近目标、逼近目的

111. Pre-defined 预定义的、事先定义

112. Continuation 连续的延长部分

113. Obvious 显著的

114. Stick 粘贴住后产生作用

115. Mechanical 机械性的、呆板的

116. Kick in 向里踢进去（开始生效）

117. Strategy 策略、战略

118. Adjacent 邻近的、紧挨着的数列

119. Golden ratio 黄金比例

120. Fibonacci sequence 斐波那契数列

121. Collective human behavior patterns 人类集体的行为模式

122. Accordance 一致

123. Elongated 加长

124. Exaggerated 逾常

125. Subdivisions 细节、细分、细节片段

126. Thrust 猛推、逼迫强行推入、突刺

127. Diagram 图表、示意图

128. Histogram 柱状体、直方图

129. Common 普通的、通常的

130. Determine 下决心决定、判定

131. Anticipate 预料、预感、先于…行动

132. Diverging 分歧、偏离、发散分叉

133. Converge 聚集、收拢、汇聚

134. Prior to 在…之前、先于

135. Complex 复杂难懂的、复杂性

136. Connection 连接、联系、连接点、关系点

137. Manner 方式、方法、做法样子

138. Unfold 展开、展现摊开

139. Typical 典型的、标准有代表性的

140. Substitute 代用、替代物

141. React 反应、回应

142. Proportion 比率、使成比例；

143. Significant 重要的、标志性的

144. Combine 使结合、合并

145. Commonly 通常、一般性的

146. Slope 有斜度、斜率上的

147. Resumption 重新开始、恢复后继续

148. Variable 可变因素、变异的、变量

149. Available 可得的、能找到的、可用的

150. Awesome Oscillator 动量震荡指标

注：关于动量指标部分的描述，通过 5SMA 与 34 SMA 来绘制有 100～160 个条状体的柱状图形，这个指标总是能够测量艾略特波浪的波浪的波段级别。当再被考虑的波段少于 100 个条状体，那么说明 AO 或 MACD 描述的状况比目前波段大了。如果波段超过 160 个条状体，那么 AO 或 MACD 描述情况比实际的波段要小。

151. Oscillator 振荡器

152. Be aware 发觉、意识到的，值得注意的

153. Variation 变量、变动、变异性

154. Complicated 结构复杂的、复杂化的

155. Characteristic 特征、显示…的特征的、个性

156. Detention 阻留、占有

157. Project 使突出、突出展现目标

158. Reference 参考、参照

159. Moving Average Convergence Divergence MACD

160. Technic 技术、手段

161. Separate 分离、分类、区分开

162. Narrow 限制、限定、有限的、变窄

163. Under consideration 在考虑之中、被考虑到了

164. Identify 识别出、认出了确认

165. Strength 力度、优势

166. Wedge 楔型、楔形物

167. Perspective 透视、洞察

168. Equivalence 等价、相等

169. Profile 外形、描铣出…的轮廓、配置文件或情景模式

170. Attempt 试图、打算和意图

171. Contract 合约

172. Category 类别、种类

173. Forex 外汇

174. Commodities 商品

175. Pattern Recognition 模式识别

176. Bull trap 多头陷阱

177. Rebuy The Uptrend 再次买入

178. Killer C Wave 杀手一般的 C 浪

179. Higher lows 高位的低

180. Potential 潜在的可能性

181. Seep 渗透、溢出

182. Fundamental Reasons 基本面

183. Technical 技术上的、市场内部因素

184. Leading Diagonal 引导或启动对角线型推动

185. Ending Diagonal 结尾或终结对角线型推动

    注：有些教材也将 Diagonal 写作 Diagonal Triangle（diagonal 三角形），Leading Diagonal 书写为 Leading Diagonal Triangle，缩写 LDT 。Ending Diagonal 书写为 Ending Diagonal Triangle，缩写 EDT。

186. Reversal patterns 翻转图形

187. Determining the end of trend 决定了趋势的终结

188. Structure 结构

189. React the market 回应、回应市场

190. Expection 期望值

191. Acceleration 加速度指标

192. Trade plan 交易计划

193. At the end of wave V 在 5 浪的末端

194. Open Positions 开仓位置

195. Close Positions 关闭位置

196. Sell_ lots at_ retracement of subwave I 在子 1 浪回撤__的位置卖出__手数

197. Using a systematic pre-defined approach 使用系统化的预定义方式逐步贴近

198. Trade management with multiple lots 管理多批次交易

199. Rather approaching use probabilities 而宁用概率评估的方式接近

200. Trading setups 交易机制

201. Revised stop-loss 修正止损位

202. Stop and reverse 停止（止损）并翻转

203. Break of 击破、突破

204. Keep lots 持有头寸

205. Trades up（沿着波浪）交易上去

206. Pre-act the market 在市场前行动

207. Re_ act the market 在市场后行动（回应市场）

208. Trade is like a religion，交易就像是宗教，支配自己生活的大事

209. Whiplash 反方向猛抽

210. Final advance 最后的向前推进

211. Terminal Point 末端终点

212. Blow-off 吹爆掉

213. Commodities Bull market 商品牛市

214. Stocks 股市

215. Fear with the game 恐惧

216. Open mind 开放式思维

217. In direction of trend 在趋势方向上

218. Ascending（Flat top，Rising bottom）平头斜底为升

219. Descending（Declining top，Flat bottom）平底斜头为降

220. Overlap 重叠（Diagonal，4 进入 1 即为 Overlap）

221. Throw Over 抛过型

222. One-two，one-two 1－2－1－2 型，3 浪扩展型的起始阶段，前面的 1－2 是主 1 浪、2 浪，后面的 1－2 可能是主 3 浪的子浪，之后迎来 3 浪的强势运动，简称为 1－2－1－2 型

223. Third of a Third 3 浪 3，主 3 浪扩展的子 3 浪，往往是最为强势的阶段。

224. Alpha 希腊字母的第一个字母 α，第一个开端，最初的含意，金融里 Alpha 是超额利润的概念

225. Beta 希腊字母的第二个字母 β，金融里 Beta 是市场波动性描述、杠杆或斜率的概念

注：借助对波浪理论的实践与理解，同时翻译和对照英文原则，品味以上英文词汇所希望表达的含义，故以上词汇非简单的搬抄词典，有助于读者读书过程中对照和理解相关的英文著作。

主要参考书目

［1］《The Elliott Wave Principle》(《艾略特波浪规则》),作者:Frost & Prechter,
2005 年第 10 版。

［2］《Mastering Elliott Wave》(《精通艾略特波浪》),作者:Glenn Neely,第二版。

［3］《Applying Elliott Wave Theory Profitiably》(《应用艾略特波浪理论获利》),作
者:Stephen W. Posner。

［4］《Trading Chaos》(《混沌交易》),作者:Bill Williams & Justin Williams,第
二版。

［5］《Visual Guide To Elliott Wave Trading》(《视图引导艾略特波浪交易》),作
者:Wayne Gorman & Jeffrey Kennedy。

［6］《Elliott Wave Principle Applied To The Foreign Exchange Market》(《艾略特波
浪理论在外汇交易市场的应用》),作者:Robert Balan。

［7］《The Principle Of Human Social Behavior And The New Science Of Socionom-
ics》(《人类社会行为准则与社会的新科学》),作者:Robert Prechter。

后　记

　　文章千古事，得失寸心知。国内已经有不少关于波浪理论的著作，有引进翻译的或者国人自己写的，不过 8 年来我被问得最多的一个问题是"4浪为什么进入了 1 浪"，我回答道，"这是 Diagonal 浪"，然后有的会回复我，"哦，原来是三角型浪啊，是引导三角型还是中继三角型?"还有，一看到复杂的修正浪，有的同学就直接套"W－X－Y"，可以的话后面再加个"Z"，只要一复杂就是复合型，可是这是两个不同层面的概念，用复合型修正浪表达或描述修正浪的复杂性，有甚者还把书拍照、截图贴出来，有的朋友看到了还感觉不明则厉。波浪理论就是这样子，表面上看上去很简单，就这么多内容，但是用起来千奇百怪或无从下手，很大一部分原因是没有把概念和原理捋清楚，基础部分不够清楚。

　　本书立足于作为艾略特波浪的基础入门级的实用读本，应用了大量的数学语言、图表描述及逻辑推理，由浅及深，试图将艾略特波浪理论蕴含的"三驾马车"与实际应用（交易）相结合。本书力求能更具工具性与实用性，贴近交易、贴近实战，也便于读者的实践，汇总了"交易守则"和"交易日志"，保持开放式的思维，避免了机械式的套用。虽然只是入门级，但是越是基础的越重要，越是简单的越真实。让事物真正能返璞归真，很多时候，我们最能依赖的反而是最基础的东西。因此，我们更应重视基本功的锤炼，这也是贯穿全篇的初衷——基础与透彻。

　　仍然有很多言之不尽之处和遗憾，还有一些内容来不及讲，案例和图集还不够充分。由于本书把基础知识和原理的讲解作为主要的内容，精力与时间的关系，独立案例和罗列的图集数量和内容不够。可能之后再整理汇编"艾略特波浪的案例图集"，单独作为艾略特波浪的视图导引和波浪可视化的"字典"，便于查询比对。另外，还有不少可以延伸和深入的部分，譬如"艾略特通道技术"在判断浪势的结束，可以在局部拓展或助于短线的判定；在"交易日志"表单提到的各类技术指标，AO、AC、MACD、RSI、SLOWKD 等，它们有着各自的独特性，可以融进波浪理论的应用；在"基本波浪的市场特征"提到过 3 浪往往伴随着经济学原理和某些金融逻辑的作用。经济学与金融逻辑在波浪理论的应用非常有意义，我们常说内生性因素出"推动"，外生性变数出"修正"，这也就是有些朋友常说的所谓"剑道在剑外，无招胜有招"。虽说盘面的价格走势已经反映了一切，它们的变化是交易者交易意愿和群体心理的折射，但是背后推动这一切变化的还是跟基本面、消息面、新信息加入系统的变化有关。在这个方面，经济学研究的规律显然至关重要，而金融逻辑也常常直接触发这样的变化，所以说就像是一个圈走圆了；当然，还有很多内容、更多的条件性与必要性这里不能再深入。

随着时代的进步，理论的不断完善，实际上艾略特波浪理论已经成为一门非常成熟专业的学科。甘瓜苦蒂，书中难免有不贴切之处，也敬请各位读者批评指正。

金融assassin

2016 年 12 月于苏州